O uso de textos
na alfabetização

Dados Internacionais de Catalogação na Publicação (CIP)
(Câmara Brasileira do Livro, SP, Brasil)

Moraes, Fabiano
  O uso de textos na alfabetização : formação inicial e continuada / Fabiano Moraes. – Petrópolis, RJ : Vozes, 2014.

  ISBN 978-85-326-4894-5

  1. Alfabetização 2. Escrita 3. Leitura 4. Letramento 5. Literatura infantil 6. Prática de ensino I. Título.

14-09574   CDD-372.414

Índices para catálogo sistemático:
 1. Processos de alfabetização e letramento : Pedagogia : Educação   372.414

Fabiano Moraes

O uso de textos na alfabetização

Formação inicial e continuada

EDITORA VOZES

Petrópolis

© 2014, Editora Vozes Ltda.
Rua Frei Luís, 100
25689-900 Petrópolis, RJ
www.vozes.com.br
Brasil

Todos os direitos reservados. Nenhuma parte desta obra poderá ser reproduzida ou transmitida por qualquer forma e/ou quaisquer meios (eletrônico ou mecânico, incluindo fotocópia e gravação) ou arquivada em qualquer sistema ou banco de dados sem permissão escrita da editora.

Diretor editorial
Frei Antônio Moser

Editores
Aline dos Santos Carneiro
José Maria da Silva
Lídio Peretti
Marilac Loraine Oleniki

Secretário executivo
João Batista Kreuch

Editoração: Maria da Conceição B. de Sousa
Diagramação: Sheilandre Desenv. Gráfico
Capa e ilustração de capa: Cumbuca Studio

ISBN 978-85-326-4894-5

Editado conforme o novo acordo ortográfico.

Este livro foi composto e impresso pela Editora Vozes Ltda.

Dedico este livro, com carinho, amizade e gratidão, à minha querida irmã Kátia Moraes de Barros que, com zelo, paciência e afeto, me alfabetizou.

Sumário

Entre afetos e alfabetos, 11

1 O professor-pesquisador e os projetos em alfabetização na formação inicial e continuada, 15

    Formação inicial e continuada: o estágio e a ação docente como prática social, 15

    A pesquisa no estágio e na formação continuada, 18

    Classe de alfabetização: espaço solidário e político de pesquisa, 20

    A interação no desenvolvimento de projetos, 23

    A Literatura Infantil e Juvenil na alfabetização sob a forma de projetos, 26

    Livros da Literatura Infantil e Juvenil que dialogam com os temas transversais e a interdisciplinaridade, 29

    Sugestão de trabalho para alfabetizar com texto da Literatura Infantil e Juvenil, 30

    A bola do mundo é nossa: futebol, interdisciplinaridade e temas transversais, 30

2 A organização do trabalho didático em alfabetização, 39

    Planejamento: instrumento de organização do trabalho didático, 39

    Elementos do planejamento e Parâmetros Curriculares, 43

    Organização didática da ação alfabetizadora, 47

    A canção e o plano didático, 51

Sugestão de trabalho para alfabetizar com texto do gênero canção, 55

Sopa: rimas, ritmos e brincadeiras em meio a reflexões metalinguísticas, sistematizações e intervenções pedagógicas, 55

3 Concepções de linguagem e métodos de alfabetização: entre opções políticas, 63

Concepções de linguagem na alfabetização, 63

Alfabetização: métodos tradicionais sintéticos, 66

Alfabetização: métodos globais e analíticos, 68

Abordagens interacionistas e aspectos discursivos da alfabetização, 73

Receita culinária e métodos de alfabetização: entre sabores e saberes, 77

Sugestão de trabalho para alfabetizar com textos do gênero receita culinária, 78

Um dois, feijão com arroz: o saboroso encontro de culturas, palavras, quantidades, medidas, listas, ingredientes, instruções, alfabetização e culinária, 78

4 Consciência fonológica e formação sociopolítica do professor, 87

O alfabetizador e a identificação de fonemas, 87

Fonemas, grafemas e sílabas, 90

Consciência fonológica, 93

Formação sociopolítica do alfabetizador, 96

Trava-línguas: trabalhando a consciência fonológica, 101

Sugestões de trabalho para alfabetizar com trava-línguas, 102
  Desafio de trava-línguas: trabalhando a consciência fonológica em jogos com palavras provindas da tradição oral, 102

Referências, 111

Entre afetos e alfabetos

Não há educação sem amor. O amor implica luta contra o egoísmo. Quem não é capaz de amar os seres inacabados não pode educar. Não há educação imposta, como não há amor imposto.
Paulo Freire (2001, p. 29).

Fui alfabetizado aos três anos de idade pela minha irmã. Portanto, dada a distância temporal que me separa dessa época e a idade que tinha na ocasião, as lembranças desse processo me parecem vir muito mais ao coração do que à mente. Restaram-me memórias afetivas e um sentimento de imensa gratidão a uma menina de dez anos de idade que lia e relia as mesmas histórias para mim todos os dias.

Foi com zelo, atenção e paciência que minha irmã Kátia me alfabetizou sem ao menos prever as maravilhosas consequências que esse carinhoso ato traria a minha vida. Alheia a conjecturas dos possíveis e prováveis desdobramentos de suas ações, seu foco era provavelmente viver aquele momento, atenta aos meus olhinhos brilhando de curiosidade infantil ante seu saber generosamente compartilhado, sua voz carinhosamente entoada e sua leitura envolta em conhecimentos por mim admirados e almejados.

Em seus relatos, ela conta que eu lhe pedia que repetisse muitas vezes cada história e que me fosse mostrando as palavras que estava lendo: "Onde você tá lendo?" Depois eu pegava a revista *Recreio*, o gibi ou o livro com a história lida e relida e, lançando mão de minha memória e das ilustrações, punha-me a "ler" sozinho e em voz alta o que ela havia repetido tantas vezes, apontando para as palavras. Depois de um tempo ela percebeu que eu repetia o texto completo e pensou que eu o havia decorado por inteiro, até que, para surpresa de todos, um dia me pegaram lendo em voz alta um texto desconhecido com fluência e sem silabar.

Aos quatro anos fiz uma cirurgia para retirada das amígdalas e, proibido de falar, me comunicava lendo e escrevendo bilhetes. Também nesse período, por vezes me tornavam, para o meu desespero, uma espécie de atração, sendo convocado a ler em voz alta nos encontros familiares: "Pode pegar até bula de remédio que o menino lê", gabava-se meu pai. Entre cinco e seis anos, recordo-me de ter ajudado meu amigo Gugu (Evaldo) em seu processo de alfabetização a pedido de sua mãe, utilizando o mesmo "método" de minha irmã na leitura de gibis (lendo e apontando as palavras, depois pedindo que ele "lesse" para mim, prestando atenção ao que estava escrito). E, em meio a diversões e descobertas, ele descobriu a leitura.

Pelo fato de o afeto haver permeado essa metodologia quase intuitiva (não me refiro ao método intuitivo *lição de coisas*), utilizada pela minha irmã junto a mim, e por mim junto a meu amigo, considero que afeto e alfabeto são palavras que andam juntas, e não se separam. Volta e meia uma delas se esconde dentro da outra. Contam que no alfabeto se escondem, desmontadas, todas as palavras, mas "afeto" lhe cabe de um jeito tão especial e completo que chega a soar aconchegante: ALFABETO.

E é por isso que nosso caminhar na alfabetização, proposto neste livro, a meu ver não pode ser trilhado sem afeto, como aprendi desde muito cedo. Aliás, um caminhar que se propõe a dialogar sobre a alfabetização na formação inicial e continuada poderia até ter um início, como a formação inicial parece sugerir, embora, em virtude de seus enredamentos, nossas formações tenham se iniciado em tempos remotos, em terras distantes, ao mesmo tempo em que estão se iniciando novamente a cada instante, aqui e agora. Mas esse trilhar não mereceria ter um fim, posto ser processo infinitivo e contínuo.

Caminharemos juntos, pois, desde o primeiro capítulo, atentos tanto à concepção de estágio e ação docente como prática social como à relevância de que o professor-pesquisador reflita sobre suas práticas. Também escutaremos as vozes dos sujeitos com que compartilhamos o espaço-tempo sala de aula para que, por meio de projetos, possamos compreender e vivenciar os aspectos político e solidário da alfabetização a partir da leitura de livros da Literatura Infantil e Juvenil para crianças, jovens e adultos em processo de alfabetização.

No trecho seguinte de nosso caminhar, planejaremos os passos de nossas ações pedagógicas, identificando os elementos didáticos presentes tanto nos *Parâmetros Curriculares Nacionais – Língua Portuguesa* como nos nossos planos de aula, e detectando os eixos e os momentos pedagógicos da prática de alfabetização. Em seguida, aplicaremos tais conhecimentos no planejamento e na realização de uma proposta de alfabetização para crianças, jovens e adultos a partir de um texto do gênero canção.

Em meio às bifurcações para as diferentes concepções de linguagem e os diversos métodos de alfabetização, firmaremos passo em nossas escolhas como opções políticas, direito que nos assiste como professores. Entre métodos silábicos, fônicos e globais e abordagens interacionistas e sociointeracionistas, atentaremos para o aspecto discursivo da alfabetização, para depois nos deliciarmos com uma proposta de alfabetização para turmas de ensino regular e da EJA, com receitas culinárias.

Mais adiante, em nosso trilhar, aguçaremos nossos ouvidos para distinguirmos os sons da língua e compreendermos as relações entre fonemas e grafemas. E desse modo melhor contribuirmos, em nossas práticas de alfabetização, com o processo de desenvolvimento da consciência fonológica de nossos alunos. Em seguida, ressaltaremos a extrema importância da formação sociopolítica do professor para, então, alfabetizarmos não apenas crianças, mas também jovens e adultos, com textos da cultura popular, os trava-línguas.

Bagagens ajustadas, rumo traçado.

Por fim (e por princípio), desejo a todos uma ótima caminhada.

1
O professor-pesquisador e os projetos em alfabetização na formação inicial e continuada

Formação inicial e continuada: o estágio e a ação docente como prática social

Em nossa experiência como Professor de Didática, Língua Portuguesa, Literatura Infantil e Estágio Supervisionado não é difícil confirmarmos, em meio aos depoimentos e expectativas dos alunos de graduação que o estágio é "identificado como a parte prática dos cursos de formação de profissionais, em contraposição à teoria" (PIMENTA & LIMA, 2012, p. 33). Em geral, os alunos depositam nas aulas de estágio as suas expectativas no que diz respeito a colocar em prática toda a teoria com que tiveram contato no decorrer da graduação.

Para Pimenta e Lima (2012), a tradicional cisão entre teoria e prática, presente na cultura escolar dos cursos de graduação, nos convoca a reconhecer urgentemente a relevância da concepção dialética de estágio. Para tanto, propõem que se tome por base o conceito de práxis, de modo que o estágio seja visto como uma atitude investigativa que envolve reflexão e intervenção na vida da escola, dos professores, dos alunos e da sociedade.

O estágio, nessa concepção, deve ser reconhecido como "componente curricular e eixo central nos cursos de formação de professores" (PIMENTA & LIMA, 2012, p. 29). Ademais, ele apresenta elementos imprescindíveis à formação do profissional docente no que diz respeito à construção de sua identidade, à consolidação de seus saberes e à adoção das posturas necessárias a sua prática profissional. Nesse sentido, é fundamental que se considere o fato de que o estágio constitui um "processo de apreensão da realidade concreta, que se dá através de observação e experiências, no desenvolvimento de uma atitude interdisciplinar" (PIMENTA, 2012, p. 87).

A concepção dialética de estágio, por nós defendida no presente trabalho, opõe-se à tradicional concepção de estágio como imitação de modelos, na qual o aluno prescinde, grande parte das vezes, de condições para questionar de modo crítico os modelos que imita ou que segue. Isso se dá em razão de o caráter polissêmico do conceito de "bom professor" possibilitar interpretações diferentes, ou mesmo divergentes.

A concepção dialética opõe-se ainda ao conceito de "prática como instrumentalização técnica" (PIMENTA & LIMA, 2012, p. 37), a partir do qual se considera necessário dominar não os conhecimentos científicos, mas as técnicas decorrentes desses conhecimentos, resultando em posturas dicotômicas que, em geral, reduzem o estágio à "hora da prática" e ao "como fazer".

Tendo diferenciado a concepção dialética de estágio das duas abordagens às quais essa se opõe, consideramos fundamental, no sentido de compreendermos como se caracteriza a concepção que aqui defendemos, entendermos, com base em Pimenta (2012), de que modo teoria e prática se relacionam. Para tanto, é necessário que abandonemos as ideias de que a teoria ilumina a prática e de que a prática determina a teoria, para concebermos "teoria e prática como indissociáveis na prática social" (PIMENTA, 2012, p. 76).

Segundo a autora, embora a atividade teórica possibilite concomitantemente "o conhecimento da realidade e o estabelecimento de finalidades para a sua transformação" (PIMENTA, 2012, p. 105), ela, em si, não a modifica realmente. Por essa razão, a prática deve ser reconhecida tanto como ponto de partida quanto como ponto de chegada, pois não se pode explicar a realidade concretas em que se reflita sobre ela.

Para compreendermos mais amiúde a concepção dialética de estágio faz-se imprescindível conhecermos a conceituação de práxis, que para Marx não é senão a atitude humana na qual teoria não se dissocia de prática no âmbito da transformação da natureza e da sociedade. A práxis humana é, para Freire (1980, p. 26), "a unidade indissolúvel entre minha ação e minha reflexão sobre o mundo". Nesse sentido, a ação docente é práxis, pois "a profissão de educador é uma prática social [...], é uma forma de intervir na realidade social" (PIMENTA & LIMA, 2012, p. 41).

Daí a importância de que o professor "como agente da práxis (de uma práxis transformadora)" (PIMENTA, 2012, p. 121) tenha uma formação teórica pedagógica dialética consistente, que possibilite atitudes críticas, reflexivas e transformadoras. Uma formação na qual a Pedagogia "como ciência prática da e para a práxis educativa [...] contribua para, enquanto atividade teórica, tornar os educadores agentes da práxis educacional" (PIMENTA, 2012, p. 121).

Por essa razão, concebemos tanto o estágio supervisionado em docência quanto à ação docente como prática social, como práxis, como forma de o estagiário e o professor (profissionais docentes em formação inicial e continuada respectivamente) intervirem na realidade, agirem e, concomitantemente, refletirem sobre a realidade concreta. Como forma de esses sujeitos tomarem a atitude (teórico-prática) humana de transformação do mundo, reconhecendo-se como intelectuais em processo de formação e reconhecendo o estágio supervisionado em docência e a ação docente como um processo dialético que possibilita ao homem situado historicamente desenvolver-se e transformar o mundo a sua volta, sabendo-se sujeito protagonista da história.

A pesquisa no estágio e na formação continuada

Para tratarmos da pesquisa no âmbito do estágio faz-se necessário diferenciarmos, em breves palavras, pesquisa e ensino. Se, por um lado, da pesquisa espera-se que produza conhecimentos em determinada área de estudos, do ensino se esperam resultados consolidados em aprendizagens. No entanto, afirmam Pimenta e Lima (2012, p. 231), essas duas atividades relacionam-se diretamente quando o professor coloca seu próprio processo de ensinar como objeto de pesquisa em uma ação que resulta em produção de conhecimento.

Como vimos anteriormente, fundamentados em Pimenta (2012) e em Pimenta e Lima (2012), na concepção dialética de estágio em docência, o estagiário é um intelectual em processo de formação. A educação, por sua vez, é um processo dialético de desenvolvimento do homem historicamente situado.

> Essa visão mais abrangente e contextualizada do estágio indica, para além da instrumentalização técnica da função docente, um profissional pensante, que vive num determinado espaço e num certo tempo histórico,

capaz de vislumbrar o caráter coletivo e social de sua profissão (PIMENTA & LIMA, 2012, p. 47).

A ideia de um profissional pensante reflexivo historicamente situado conduz-nos à concepção do sujeito (no âmbito da docência como prática social) como profissional investigador de sua própria prática e da realidade na qual esta se insere e da qual é indissociável, como professor-pesquisador.

No início dos anos de 1990 teve espaço, no Brasil, um movimento de valorização da pesquisa no estágio que, com base no questionamento da consolidada dicotomia teoria-prática, defendia sua indissociabilidade. O movimento trazia à tona o conceito de *professor reflexivo* (cunhado por Donald Schön) que retrata as características desse profissional de formação fundamentada em uma *epistemologia da prática*. Em outras palavras, a formação do professor tem base na valorização da prática docente "como momento de construção de conhecimento por meio da reflexão, análise e problematização dessa prática e a consideração do conhecimento tácito, presente nas soluções que os profissionais encontram em ato" (PIMENTA & LIMA, 2012, p. 48). Com o intuito de destacar o protagonismo do sujeito educador nos processos de mudanças e inovações, são propostos complementarmente os conceitos de *professor crítico-reflexivo* e de *professor-pesquisador*, de modo a enfatizar-se a fertilidade desse profissional tanto para a realização do estágio como pesquisa quanto para o uso de pesquisas no estágio (PIMENTA; LIMA, 2012, p. 51).

As autoras chamam a nossa atenção para o fato de que, se por um lado a pesquisa no estágio é uma estratégia, um método, no sentido de consolidar-se como uma possibilidade concreta de formação do estagiário como futuro professor, por outro lado ela pode efetivar-se como uma possibilidade de formação (continuada) e de desenvolvimento dos professores da escola em sua relação com os estagiários. O estágio prepara os sujeitos nele envolvidos, dessa forma, para um trabalho docente coletivo, "uma vez que o ensino não é um assunto individual do professor, pois a tarefa escolar é resultado das ações coletivas dos professores e das práticas institucionais, situadas em contextos sociais, históricos e culturais" (PIMENTA & LIMA, 2012, p. 56).

A pesquisa no estágio como método de formação de estagiários, futuros professores, se traduz pela mobilização de investigações que permitam a ampliação e análise dos contextos onde os estágios se realizam. E também, em especial, na possibilidade de os estagiários desenvolverem postura e habilidades de pesquisador a partir das situações de estágio, elaborando projetos que lhes permitam ao mesmo tempo compreender e problematizar as situações que observam (PIMENTA & LIMA, 2012, p. 236).

Ademais, para o professor crítico-reflexivo, a pesquisa em sua formação continuada se fará presente por toda a sua carreira profissional, permeando continuamente sua ação docente.

Classe de alfabetização: espaço solidário e político de pesquisa

Como vimos, o estágio é uma aproximação da realidade que requer intencionalidade e envolvimento por parte de seus sujeitos e uma "atividade teórica instrumentalizadora da práxis docente" (PIMENTA & LIMA, 2012, p. 44-45), entendida esta como prática social de transformação da realidade, constituindo-se, por tais razões, como eixo das demais disciplinas do curso.

No que diz respeito ao estágio em alfabetização, Almeida (2009, p. 32) considera que ele possibilitará o contato direto do professor em formação inicial "com os professores alfabetizadores, os alunos alfabetizandos e o conhecimento necessário para se tornar um indivíduo alfabetizado". Para que se possa compreender a relação entre aluno, professor e conhecimento no processo de alfabetização, "é importante que desenvolvamos conhecimentos que nos possibilitem compreender o fenômeno da alfabetização na sua totalidade, em todas as suas relações" (ALMEIDA, 2009, p. 32).

O objetivo principal do estágio em alfabetização, afirma Almeida (2009, p. 26-27), é levar o aluno de graduação em Pedagogia ao exercício de análise e reflexão das experiências por ele vivenciadas no ambiente real, conduzindo-o à compreensão dos aspectos teórico-metodológicos da alfabetização nos anos iniciais do Ensino Fundamental. O estágio em alfabetização é, assim como a ação docente, prática social de transformação da realidade e constitui-se como espaço de pesquisa e de "desenvolvimento de práticas investigativas" (ALMEIDA, 2009, p. 27).

Daí a importância de que tanto o futuro professor em sua formação inicial como o professor atuante em sua formação continuada desenvolvam uma atitude crítico-reflexiva e investigativa no âmbito do estágio em alfabetização para que compreendam efetivamente "as dimensões políticas, sociais, econômicas e pedagógicas que estão relacionadas a essa prática" (ALMEIDA, 2009, p. 32). Ademais, a alfabetização precisa ser compreendida em seus aspectos político e solidário e em sua natureza interdisciplinar como parte constitutiva da educação e da sociedade como um todo.

No que tange à compreensão da alfabetização em seu caráter político, é fundamental que se atente para o fato de que o processo de alfabetização "pode ser uma prática para a "domesticação dos homens", ou uma prática para sua libertação" (FREIRE, 1980, p. 27). Para tanto, é importante que se tome como ponto de partida o mito da neutralidade da educação que nos possibilitará distinguir uma prática ingênua de uma prática astuta, e ambas de uma prática crítica. Segundo o autor, se de um lado, reproduzindo a ideologia dominante, a forma ingênua conduz a práticas espontaneístas e a forma astuta a práticas manipuladoras, de outro lado, propondo uma ruptura para com a ordem dominante, a forma crítica promove práticas libertadoras.

"Do ponto de vista crítico, é tão impossível negar a natureza política do processo educativo quanto negar o caráter educativo do ato político" (FREIRE, 1980, p. 34). A visão crítica permite, pois, que a realidade seja desvelada e que sua mitificação seja desmascarada, possibilitando a sua transformação para a libertação dos homens. "Para que a alfabetização não seja puramente mecânica e assunto só de memória, é preciso conduzir os adultos a conscientizar-se primeiro, para que logo se alfabetizem a si mesmos" (FREIRE, 1980, p. 47-48). A conscientização, para o autor, consiste em tomar posse da realidade, lançando-se sobre essa um olhar, o mais crítico possível.

No que tange ao aspecto solidário da alfabetização, a partir de Freire (2011) podemos afirmar que é fundamental reconhecer o direito do alfabetizando de reconhecer-se e constituir-se sujeito da pesquisa que busca conhecê-lo melhor. Para tanto, faz-se necessário respeitar o nível individual de compreensão da realidade próprio de cada alfabetizando sem cedermos ao risco de impor-lhes a nossa compreensão de mundo em nome de sua libertação, o que resultaria em uma atitude autoritária. "Mas assumir a ingenuidade dos educados demanda de nós a humildade necessária para assumir também a sua criticidade, superando, com ela, a nossa ingenuidade também" (FREIRE, 2011, p. 39).

Escutar os alfabetizandos como sujeitos do processo de alfabetização e não como objeto requer a superação das práticas de ensino tradicionais que defendem a ação monológica de "falar para eles" e das práticas de pesquisa tradicionais nas quais o investigador procura "falar sobre eles", para que se desenvolva a pesquisa no estágio em alfabetização e na ação docente como prática social política e solidária, assumindo-se a atitude crítico-reflexiva de "falar com eles". "Só educadoras e educadores autoritários negam a solidariedade entre o ato de educar e o ato de serem educados pelos educandos" (FREIRE, 2011, p. 39).

A interação no desenvolvimento de projetos

Segundo Smolka (2012), a escrita institui-se na escola não apenas como "objeto de conhecimento", mas também como forma de linguagem, constitutiva do conhecimento na interação. Para a autora, não se trata apenas de ensinar a escrita, "mas de usar, fazer funcionar a escrita como interação e interlocução na sala de aula, experienciando a linguagem nas suas várias possibilidades" (SMOLKA, 2012, p. 60), pois é nas interações sociais e nas interlocuções que a linguagem é criada, transformada e construída como conhecimento humano.

A interação e o diálogo, inerentes à linguagem, e, indissociáveis do processo de alfabetização, devem ser considerados em seus aspectos político e solidário no âmbito tanto do estágio supervisionado em pedagogia como da formação continuada do alfabetizador. Trata-se, prossegue Smolka (2012), de uma dinâmica de sala de aula que rompe com o esquema linear e estrito da "comunicação pedagógica".

Assim, ao invés de termos: quem – ensina – o que – para quem – onde, podemos representar as relações de ensino (na escola e fora dela) de outra forma: onde os lugares do "quem" podem ser preenchidos tanto pelo aluno como pelo professor, ou por qualquer outra pessoa (SMOLKA, 2012, p. 60).

Nesse sentido, para além de efetivar-se como espaço-tempo político e solidário, a aula constitui-se como "espaço-tempo coletivo de construção de saberes; 'lócus' de produção de conhecimentos que pressupõe a existência de sujeitos que se inter-relacionam, se comunicam e se comprometem com a ação vivida" (FARIAS et al., 2009, p. 156).

É nesse espaço-tempo de diálogos e conflitos cotidianos, construído por sujeitos criativos e desejosos de liberdade, que as mudanças são forjadas, prosseguem as autoras. A aula não é, senão, espaço-tempo privilegiado onde se efetua o processo de aprendizagem em razão de nela se desenvolverem ações interativas que têm como sujeitos protagonistas professores e alunos, "de forma a transformá-la em um campo de debates sobre os temas em foco" (FARIAS et al., 2009, p. 156). Sob essa perspectiva, a aula, como espaço-tempo coletivo, ultrapassa os limites espaciais da "sala de aula" e temporais do "tempo de aula".

Daí a relevância da realização do estágio em alfabetização e da ação docente em alfabetização sob a forma de projetos, que, para além de desenvolver "uma atitude de autonomia e criatividade, possibilita a descoberta de espaços de intervenção significativa para a sua formação e para as escolas" (PIMENTA & LIMA, 2012, p. 228). Tais práticas favorecem ainda a abrangência dos aspectos políticos e solidários da alfabetização, possibilitando abordagens horizontais que considerem os sujeitos da educação como protagonistas do processo de ensino e aprendizagem, constituindo-se como espaço coletivo comunitário e cooperativo e ultrapassando as paredes da sala de aula e o período de duração das aulas.

No âmbito do estágio em docência, isso se dá em razão de o projeto desenvolver "uma atitude de cooperação dos estagiários com o professor orientador e destes com os profissionais da escola, formando uma verdadeira *comunidade de formação*" (PIMENTA & LIMA, 2012, p. 228-229). No que diz respeito às ações docentes em alfabetização, o projeto possibilita uma cooperação que extrapola os limites escolares, abrangendo a comunidade do entorno escolar, as práticas textuais cotidianas, bem como os mais diversos sujeitos envolvidos nesses processos interacionais. Para as autoras, é justamente essa coletividade de formação que torna possível que se estabeleça "um movimento de formação do professor no desenvolvimento de suas ações pedagógicas" (PIMENTA & LIMA, 2012, p. 229).

Segundo Pimenta e Lima (2012, p. 228), o projeto estimula o

> desenvolvimento de um olhar sensível e interpretativo às questões da realidade, uma postura investigativa, uma

visão de conjunto do espaço escolar, uma percepção das dificuldades que a escola enfrenta, mas também das conquistas reveladas nas ações dos profissionais que ali se encontram; uma compreensão da cultura escolar e das relações que ali se estabelecem.

O projeto na formação inicial e continuada possibilita ainda, como veremos a seguir, a realização de abordagens interdisciplinares e relacionadas aos temas transversais.

A Literatura Infantil e Juvenil na alfabetização sob a forma de projetos

Tal como a ação docente é práxis em razão de constituir-se como uma prática social por ser um modo de intervir na realidade social, o letramento[1] literário é uma prática social, e por esse motivo deve ser promovido na escola de maneira a garantir-se o exercício da leitura literária sem o abandono do prazer e, concomitantemente, com o compromisso necessário ao desenvolvimento do conhecimento (COSSON, 2002).

O estatuto de prática social do letramento literário como ação transformadora da realidade se deve tanto aos aspectos estéticos e políticos da literatura quanto ao caráter cultural e democrático das práticas de leitura literária. Segundo os *Parâmetros Curriculares Nacionais* – Língua Portuguesa (PCNs), as práticas de leitura literária em sala de aula têm

---

1. Em poucas palavras, tomamos o conceito de alfabetização como a ação de ensinar e aprender a ler e escrever, e de letramento como o "estado ou condição de quem não apenas sabe ler e escrever, mas cultiva e exerce as práticas sociais que usam a escrita" (SOARES, 2012, p. 47). Alfabetização e letramento se distinguem, mas não se dissociam. Em outras palavras, o ingresso no mundo da escrita se dá por ambos os processos: "pela aquisição do sistema convencional de escrita – *a alfabetização* – e pelo desenvolvimento de habilidades de uso desse sistema em atividades de leitura e escrita, nas práticas sociais que envolvem a escrita – *o letramento*" (SOARES, 2004, p. 14).

por fim: a formação de leitores; a transmissão de valores; a fruição estética; a potencialização imaginativa; a autorização da ficção; a reinterpretação do mundo atual; e a invenção de mundos possíveis.

Nos *PCNs* (BRASIL, 1997a), o texto literário é considerado em sua especificidade, pois "a literatura não é cópia do real, nem puro exercício de linguagem, tampouco a mera fantasia que se asilou dos sentidos do mundo e da história dos homens" (BRASIL, 1997a, p. 37). A literatura, ao relacionar-se com a realidade, o faz de forma indireta, isto é, pela concretização verbal (ou não verbal em determinadas poesias contemporâneas). Nela, o plano do imaginário apropria-se do plano da realidade, transgredindo-o. As propriedades da literatura que lhe concedem caráter específico dizem respeito a uma elaboração e a um uso especial da linguagem que têm por fim alcançar aspectos estéticos e constituir universos imaginários e ficcionais.

Jakobson (apud EICHENBAUM, 1971, p. 8) afirma que "o objeto de estudo da ciência da literatura não é a literatura, mas a 'literariedade', ou seja, o que faz que uma obra possa ser considerada uma obra literária". Portanto, a literariedade compreende as propriedades específicas que fazem com que um texto possa ser considerado literário, correspondendo ao modo especial de elaboração e uso da linguagem inerente às criações literárias, "caracterizado por um desvio em relação às ocorrências mais ordinárias da linguagem" (SOUZA, 2003, p. 47).

Portanto, as práticas de letramento literário dizem respeito às práticas de recepção/produção de textos nos quais se fazem presentes elementos estéticos e universos ficcionais e imaginários, elaborados por meio de usos específicos da linguagem. Para Graça Paulino (2001), o cidadão literariamente letrado cultiva e assume em sua vida a leitura de textos literários, "preservando seu caráter estético, aceitando o pacto [ficcional] proposto e resgatando objetivos culturais em sentido mais amplo" (PAULINO, 2001, p. 118).

Segundo Paulino (2005), no âmbito da leitura literária, deve-se considerar não apenas as habilidades cognitivas, comunicativas, interacionais, afetivas e estéticas, mas também as competências sociais e o aspecto híbrido e complexo dos processos histórico-sociais inerentes ao texto literário.

No que diz respeito à Literatura Infantil e Juvenil, seu vínculo desde os primórdios com a escola lhe imprime um caráter pedagógico (que viria a ser questionado posteriormente pelas vertentes artísticas desse gênero). Destacam-se, como aspectos estéticos específicos da Literatura Infantil e Juvenil, seus elementos lúdicos e oníricos (SANTOS & MORAES, 2013). Ademais, seu caráter mais democrático, com relação à literatura não adjetivada (para adultos), encontra-se justamente na possibilidade dessa primeira alcançar, de modo mais equânime e menos excludente, pessoas de faixas etárias e níveis de formação diversos.

Daí a relevância dos livros da Literatura Infantil e Juvenil, mesmo para trabalhos com a EJA, nos projetos em alfabetização, posto tangenciarem, com frequência, temas transversais e disciplinas diversas. Por tal razão, apresentamos no presente capítulo uma sugestão de trabalho a partir da Literatura Infantil e Juvenil para alfabetização sob a forma de projetos.

Livros da Literatura Infantil e Juvenil que dialogam com os temas transversais e a interdisciplinaridade

São inúmeros os títulos da Literatura Infantil e Juvenil que possibilitam abordagens interdisciplinares ou de temas transversais em sala de aula. Por essa razão optamos, neste capítulo, por propor o desenvolvimento de um projeto para alfabetização com texto da Literatura Infantil e Juvenil.

Nosso intuito, neste livro, não é esmiuçar o processo de elaboração e planejamento do Projeto Pedagógico por nós proposto, portanto as atividades serão expostas no decorrer do texto. Sugerimos, em poucas palavras, que o professor[2], de acordo com as características de sua turma e a partir de sua própria leitura e de suas experiências, materialize seu projeto em um *Plano de Projeto Pedagógico*, inserindo *Dados da escola e da turma* seguidos do *Título do projeto*. Em seguida ele desenvolverá a *Fundamentação* do mesmo e a *Justificativa* de sua realização. Depois elencará os *Objetivos* a serem alcançados pelos alunos, seguidos dos *Conteúdos* a serem desenvolvidos (ambos em tópicos). Enumerará o *Material necessário* para sua consolidação, e planificará o *Desenvolvimento*, dividindo em aulas o que pretende realizar (considerando a flexibilidade na aplicação do projeto). Por fim, relacionará a *Bibliografia* consultada e utilizada. No capítulo seguinte conceituaremos mais amiúde alguns dos elementos concernentes ao planejamento didático.

Neste momento, prezamos pelo letramento literário como recurso de conduzir às palavras para que, a partir dos elementos concernentes aos momentos pedagógicos da alfabeti-

---

2. Nas ações propostas a seguir, e no decorrer do nosso livro, utilizaremos o termo professor ao nos referirmos a quem aplica as atividades seja ele estagiário ou professor (esteja ele em formação inicial ou continuada).

zação, aos métodos e à consciência fonológica (temas que serão aprofundados no capítulo subsequente a este), o professor possa explorar as inúmeras potencialidades da Literatura Infantil e Juvenil.

Sugestão de trabalho para alfabetizar com texto da Literatura Infantil e Juvenil

A bola do mundo é nossa: futebol, interdisciplinaridade e temas transversais[3].

---

3. Texto originalmente publicado na Revista Direcional Educador, ano 10, n. 111, abr./2014, p. 38-41 (MORAES, 2014b).

O livro *A bola do mundo é nossa*, lançado pela Mazza Edições, reinventa ficcionalmente a história da bola de futebol, mostrando, por meio tanto de um texto com informações históricas, elementos ficcionais e lúdicos, quanto de ilustrações que nos conduzem a uma viagem no tempo e no espaço, que a bola de futebol é muito mais brasileira do que se pensa.

O relato, já de início, convida o leitor, de modo instigante, a conhecer a história da bola de futebol, essa coisa redonda que quica e que rola, e sem a qual não há drible, não há copa, não há campeonatos, não há jogo, não há futebol. A viagem no tempo e no espaço se inicia na China, onde surgem os primeiros registros da invenção de uma bola de couro recheada com penas. Tempos depois, surge o futebol na Inglaterra. A bola, presumivelmente levada por algum mercador para a Europa, depois de ter feito um verdadeiro "negócio da China", expande seus domínios. Nesse período é incorporada uma nova tecnologia, o uso de uma bexiga de boi cheia de ar para torná-la mais leve. Enquanto isso, na América pré-colombiana, os indígenas inventavam a borracha, produzida a partir do látex de algumas plantas. Essa tecnologia permitiu a fabricação de uma bola cheia de ar que quicava com maior desenvoltura, usada em vários jogos, inclusive em um tipo de futebol muito curioso, jogado com a cabeça. A borracha, uma invenção bem brasileira, seria posteriormente incorporada à bola de futebol, mas a história não para por aí. Nesse meio tempo, na Angola, a Rainha Ginga conquistava o respeito até mesmo dos mais temíveis conquistadores, os europeus. Seus exércitos fizeram história, uma história que é parte da formação do Brasil. Depois de sua morte, muitos dos seus bravos guerreiros foram aprisionados e trazidos para o Brasil para trabalharem como escravos. E, com eles, um jeito especial de lutar e de dançar ganhou o nome de ginga em homenagem à admirável soberana. Os descendentes dos angolanos e de outros povos africanos levaram a ginga para o futebol, para um jeito de jogar bola que é muito próprio do Brasil. O livro *A bola do mundo é nossa* (MORAES, 2014a) prossegue no desenvolvimento do tema em suas 36 páginas, que envolvem o leitor em diálogos, intertextos, informações, intervenções e reinvenções.

Já de início, o professor mostrará a capa do livro, escrevendo seu título na lousa, perguntando aos alunos se ele lhes faz lembrar alguma frase ou canção. Nesse momento, a partir dos alunos ou (apenas posteriormente) do professor, virá à tona a canção A TAÇA DO MUNDO É NOSSA, com a qual o título dialoga por meio da intertextualidade. Abaixo do título do livro o professor escreverá o título da canção, perguntando em que aspectos eles se distinguem de modo a conduzir os alunos a reflexões metalinguísticas. Após apontarem as diferenças, o professor chamará atenção dos alunos para as diferenças entre as palavras BOLA e TAÇA, pedindo que destaquem a primeira e a terceira letra de cada palavra e que digam quantas letras e quantas sílabas possui cada uma delas. O professor realizará intervenções pedagógicas, sempre que necessário, durante esse trabalho coletivo. Na sequência, entregará uma folha com a imagem de uma bola e com a imagem da taça da Copa do Mundo, pedindo que os alunos escrevam os nomes dos objetos, destacando as diferenças entre as palavras e contando a quantidade de letras e de sílabas de cada uma. Esse processo de sistematização com base na reflexão metalinguística realizada anteriormente será acompanhado de intervenções pedagógicas individualizadas por parte do professor.

Em um segundo momento, sugerimos ao professor que realize o levantamento dos conhecimentos prévios dos alunos acerca da história da bola de futebol. Em seguida, a partir dos comentários e diálogos, será feita a leitura do livro com apresentação das ilustrações. A interdisciplinaridade se dará por meio do desenvolvimento de tais assuntos em suas relações não apenas com as disciplinas: História, Geografia, Ciências (Biologia), Educação Física, permeadas por reflexões metalinguísticas e sistematizações (Língua Portuguesa); mas também com o tema transversal "pluralidade cultural". Esse tema transversal será contemplado ao se trazer à tona fatos históricos vinculados à incontestável presença da cultura indígena e da cultura africana no Brasil, e desembocará necessariamente no tema transversal "ética". Os temas locais, referentes à região onde vivem os alunos, também podem se fazer presentes em meio a assuntos desenvolvidos em pesquisas.

A partir da leitura, poderá também ser proposta às turmas mais avançadas e aos alunos de EJA a realização de pesquisas acerca dos países e povos citados no livro: China, Inglaterra, Portugal, Nações Indígenas, Angola, Brasil; bem como de alguns fatos históricos, políticos e econômicos, de acordo com a faixa etária (crianças, jovens ou adultos) e o nível de envolvimento dos alunos, tais como: o comércio dos europeus com os povos do Oriente, a produção da borracha, o ciclo da borracha no Brasil, os usos da borracha, a invasão das terras indígenas (o "descobrimento", as "entradas" e as "bandeiras"), jogos e festivais indígenas, o legado econômico e cultural dos indígenas do Brasil, o reinado da Rainha Ginga (Njinga Mbande), a escravidão no Brasil, a cultura trazida pelos africanos para o Brasil, a história da capoeira e do samba, a influência europeia no Brasil, a história da Copa do Mundo e do futebol. A pesquisa poderá ocorrer na biblioteca, na sala de leitura, no laboratório de informática, na sala de aula, ou mesmo ser proposta para casa. O importante é que, por fim, se reúna o material pesquisado para que os alunos compartilhem o que aprenderam sobre o assunto. O professor então proporá aos alunos uma produção escrita individual: cada aluno escreverá, com intervenção pedagógica individualizada realizada pelo professor, uma a três frases sobre o que aprendeu com as pesquisas e os materiais compartilhados coletivamente em sala de aula.

Sugerimos que, para as classes iniciais de alfabetização, o professor proponha aos alunos a elaboração coletiva de uma lista com palavras que se assemelhem, em algum de seus componentes (morfológicos, silábicos, fonológicos), aos nomes dos países estudados: INGLATERRA, TERRA, BETERRABA, ENGOMAR; CHINA, CHILE, MINA, FINA, CHITA, XÍCARA; ANGOLA, BOLA, ÂNGULO, GOLA etc. A partir de algumas das palavras sugeridas (relacionadas na lousa), serão propostas reflexões metalinguísticas coletivas tomando-se por base as diferenças e as semelhanças entre seus segmentos (sons, letras, sílabas), sempre sob a intervenção pedagógica constante por parte do educador. Por exemplo, no caso de um ou outro aluno apresentar palavras que não se relacionem nos níveis enumerados, mas que guardem relação semântica ou discursiva, por exemplo: ANGOLA, CAPOEIRA; BRASIL, COPA etc.

Em outro momento serão relacionados na lousa, abaixo dos nomes de cada país, os termos que designam a pessoa natural desse país, ressaltando que a nacionalidade das pessoas naturais das nações indígenas é o próprio nome da nação, e que tanto a nacionalidade como o nome da nação indígena (ao contrário do que comumente se vê) são ditos sempre no singular: "a música dos Xavante"; "uma mulher Xavante"; "os meninos Xavante". Sugerimos que sejam apresentadas no mínimo duas nações indígenas, preferencialmente de proximidade regional:

NAÇÃO: ANGOLA
HOMEM: ANGOLANO
MULHER: ANGOLANA

NAÇÃO: BRASIL
HOMEM: BRASILEIRO
MULHER: BRASILEIRA

NAÇÃO: CHINA
HOMEM: CHINÊS
MULHER: CHINESA

NAÇÃO: PORTUGAL
HOMEM: PORTUGUÊS
MULHER: PORTUGUESA

NAÇÃO: INGLATERRA
HOMEM: INGLÊS
MULHER: INGLESA

NAÇÃO: XAVANTE
HOMEM: XAVANTE
MULHER: XAVANTE

NAÇÃO: GUARANI
HOMEM: GUARANI
MULHER: GUARANI

Depois de escrita a lista, as palavras derivadas serão comparadas em um processo de reflexão metalinguística. Os alunos indicarão o que há de semelhante e o que há de distinto entre nação e nacionalidade masculina e feminina. Serão destacadas, coletivamente e com intervenções pedagógicas por parte do professor, as letras iniciais e finais dos trios de palavras, bem como os segmentos que nelas se repetem (ANGOLA; BRASIL; CHIN; PORTUG; INGL; XAVANTE; GUARANI). Também serão comparadas, por trio, as quantidades de sílabas e de letras.

Em seguida, esses conhecimentos serão operacionalizados por meio da sistematização mediada por intervenções pedagógicas individualizadas. Cada aluno receberá uma folha com imagens das bandeiras de Angola, da China e do Brasil (estes países foram por nós escolhidos a partir do critério de diferentes modos de derivação). Abaixo de cada bandeira, o aluno escreverá o nome do país e as nacionalidades masculina e feminina. Então, as partes das palavras que se assemelham serão circuladas com lápis de cor, para que os alunos comparem os segmentos que as distinguem. Também serão contadas as sílabas e as letras de cada palavra.

Sugerimos ainda, em meio às atividades a serem desenvolvidas no projeto, que sejam levantados dados dos países citados, tais como localização (continente), área, população, capital, moeda, língua, economia, mapa, bandeira etc. Em seguida, os alunos prepararão cartazes que poderão ser afixados na sala e então serão propostos jogos, como, por exemplo, a "Copa da população": Brasil x Inglaterra; Brasil x China; Angola x Portugal, a partir da qual os alunos farão uma comparação da população dos países e dirão qual deles tem a maior população. Com isso poderá ser englobada no projeto a disciplina matemática.

Temas transversais como "meio ambiente" e "saúde", indissociáveis da "ética", podem ser trabalhados ao se inserir outros dados sobre os países, tais como: emissão de gases de efeito estufa, produção de lixo, consumo de energia, mortalidade infantil, expectativa de vida, mortalidade geral etc. O tema transversal "trabalho e consumo", vinculado à "ética", pode surgir com a inclusão de dados como: taxas de desemprego, valores de salários, desperdício de alimentos, produção de alimentos etc. Outro tema transversal de necessária abordagem entre os alunos da EJA é a "orientação sexual", também sob uma abordagem "ética", levantando-se dados sobre taxas de: incidência de Aids, incidência de DST, gravidez indesejada, violência contra a mulher, violência homofóbica etc.

Debates sobre aspectos políticos e sociais relacionados às taxas referentes aos temas transversais junto aos alunos da EJA poderão ainda, de acordo com os diferentes interesses dos alunos, favorecer a realização de produções escritas das mais diversas (cartazes, gráficos, tabelas, frases, comentários, textos curtos), bem como deflagrar suas primeiras consultas a códigos (de defesa do consumidor, de ética etc.), estatutos (do idoso, da criança e do adolescente etc.), leis (referentes a questões étnicas, sociais, raciais, de gênero etc.), cartilhas de educação (vinculadas à saúde, agricultura, nutrição, meio ambiente, consumo, trânsito e orientação sexual etc.), manuais (de concursos, de produtos etc.), entre outros tantos gêneros textuais em seus usos sociais, pois "a linguagem não pode impedir que meu ato de abstração-reflexão se molhe na prática popular de luta" (FREIRE & NOGUEIRA, 2002, p. 36).

2
A organização do trabalho didático em alfabetização

Planejamento: instrumento de organização do trabalho didático

Segundo Candau (1988, p. 13), "o objeto de estudo da didática é o processo de ensino-aprendizagem. Toda proposta didática está impregnada, implícita ou explicitamente, de uma concepção do processo de ensino-aprendizagem". Portanto, com base em uma visão crítica da educação é possível situar a didática dentro de uma perspectiva de transformação da sociedade, pois "o procedimento didático [...] não perde nunca sua dimensão política" (SANTOS, 1988, p. 37).

Como vimos no capítulo precedente, a ação docente como prática social é um ato político, coletivo e solidário. No que diz respeito à didática, cabe ao professor refletir criticamente sobre a relação entre uma educação comprometida e as possibilidades de transformação tanto de sua prática educativa como da realidade social. É necessário, portanto, que se amplie a abrangência tradicional da disciplina didática que comporta frequentemente os conteúdos básicos, sejam eles planejamento, execução e avaliação, ensinados dentro de um modelo alienado no tempo e no espaço (por estarem atrelados, por um lado a um passado histórico, por outro a teorias importadas). Para tanto, dimensão técnica e dimensão política "devem ser trabalhadas dentro de um mesmo *continuum*, espiralado e integrador, para que o processo didático venha a ser mais significativo e assuma seu verdadeiro papel em nossas escolas" (RAYS, 1988, p. 46 – grifo nosso), de modo que os componentes dos planos de ensino, apresentados adiante, sejam considerados pelo professor, em suas aplicações, como indissociáveis da realidade social e se efetivem a partir do plano didático como ações reflexivas e críticas.

Farias et al. (2009, p. 106-107) definem o planejamento como ato, como atividade que "projeta, organiza e sistematiza o fazer docente no que diz respeito aos seus fins, meios, forma e conteúdo". Ele é, prosseguem as autoras, portanto, uma ação reflexiva, viva e contínua, um ato político por envolver escolhas teóricas e metodológicas, um ato ético por colocar em questão valores, ideias, crenças e projetos que coexistem em nossas práticas. O planejamento permite ao professor prever as ações e as condições de realização dessas ações, racionalizar o tempo e os meios, bem como fugir do improviso e da rotina. É fundamental que levemos em conta que a unidade do trabalho pedagógico, almejada por meio do planejamento, não conduz à padronização e às uniformidades do tecnicismo. Daí a relevância de se considerar os aspectos técnicos e políticos da ação didática em seu *continuum* espiralado e integrador, como nos sugere Rays (1988).

Para tanto, defendem Farias et al. (2009), devem ser levados em conta os princípios delineadores do planejamento, sejam eles: a flexibilidade, que corresponde a uma postura aberta a revisões, correções, avaliações e reelaborações do planejamento previsto e que não deve ser confundida com o acaso ou o improviso; o *caráter participativo*, elemento que, ao favorecer a articulação e a mobilização de toda a comunidade escolar, apresenta-se como um processo coletivo de construção de ideias e práticas; o *registro* das formulações decorrentes do compartilhamento de intenções e ações, princípio inerente à organização do trabalho escolar que favorecerá a memória e possibilitará a socialização do trabalho realizado; a *coerência*, que garantirá a relação de concordância e reciprocidade entre elementos que compõem: um mesmo plano (objetivos, conteúdos, metodologia, recursos e avaliação), os vários planos de ensino (de curso, de unidade e de aula), e os planos de ensino e o Projeto Político-pedagógico; e *a objetividade e a ousadia* de pensar com os pés no chão, considerando as possibilidades reais de que o planejamento saia do papel e ao mesmo tempo desencadeie mudanças.

Sabemos que o planejamento envolve, grande parte das vezes, o uso de referências materiais tradicionais, como livros didáticos, cópias de planos anteriores, formulários e planilhas. Como possíveis saídas para o professor autor e coautor de sua ação docente, que não queira cair nessas armadilhas, Farias et al. (2009, p. 110) destacam que no conteúdo e na forma de seu planejamento, ele precisa considerar as necessidades e os desafios cotidianos, bem como as expectativas e as sugestões dos diferentes sujeitos protagonistas que o constroem. O planejamento não possui fim em si mesmo, por isso em sua elaboração serão tomados tanto o Projeto Político-pedagógico da escola quanto a avaliação de experiências anteriores como elementos essenciais na construção coletiva do novo. A avaliação, desse modo, permeia todos os momentos do planejamento, desde a fase anterior à sistematização dos planos (avaliação diagnóstica), passando pelo processo de sua execução (avaliação formativa ou de processo), até o término do trabalho (avaliação do resultado)

(FARIAS et al., 2009, p. 109-110). Sabendo que as etapas do ato de organizar a ação didática envolvem diagnóstico, planejamento, execução, avaliação e replanejamento, é importante que o professor tenha em mente que tais elementos não são estanques, mas formam um *continuum* permeado por interseções.

No que diz respeito aos sujeitos do planejamento, a que aludimos brevemente no parágrafo anterior, prosseguem Farias et al. (2009, p. 111), o professor é "uma das pessoas responsáveis pela organização do trabalho educativo no âmbito da escola e da sala de aula". É por meio do planejamento que ele exerce o poder de intervir sobre os caminhos e os limites do seu fazer pedagógico e didático. O professor é, portanto, um agente ativo, "as informações a que tem acesso fazem parte da estrutura de seu conhecimento, a qual ocorre durante sua atuação seja para planejar sua aula, seja durante o desenvolvimento de sua atividade, seja para avaliar uma aula dada" (CARDOSO, 1993, p. 50).

Mas se, de um lado, essa condição evidencia a dicotômica divisão social do trabalho, separando, de um lado, quem pensa e decide e, de outro, quem acata e executa, as autoras nos chamam a atenção para a necessidade de assumirmos uma postura crítica e vigilante diante desse fato. A autonomia do professor será fruto tanto do entendimento da ação de planejamento em seus diferentes níveis e em seu caráter político (não como uma obrigação, mas como um direito a ser conquistado), como da superação das práticas individuais para que, assumindo o caráter social, político e solidário das práticas de ensino, o docente constitua experiências coletivas e interdisciplinares por uma educação crítica e transformadora.

Elementos do planejamento e Parâmetros Curriculares

Para Farias et al. (2009, p. 114), os componentes constituintes dos planos de ensino são estabelecidos no planejamento didático a partir de perguntas sobre "para quê, o quê, como e com quê ensinar e sobre os resultados das ações empreendidas". As respostas a essas questões correspondem aos elementos constituintes dos planos de ensino: "objetivos, conteúdos, metodologia, recursos didáticos e sistemática de avaliação" (FARIAS et al., 2009, p. 114).

Para compreendermos como esses elementos se fazem presentes no âmbito dos *Parâmetros Curriculares Nacionais – Língua Portuguesa* (BRASIL, 1997a), referentes aos primeiros anos do Ensino Fundamental, faz-se imprescindível conceituarmos linguagem e língua portuguesa com base nesse documento curricular. A linguagem é concebida nos *PCNs* como a capacidade que o ser humano possui para articular significados coletivos e compartilhados por meio de sistemas de representação de caráter arbitrário, considerando que a razão principal do ato de linguagem não é, senão, a produção de sentido no âmbito da interação social. A linguagem, desse modo, contém em si mesma a fonte dialética por um lado da tradição, por outro da mudança. A língua portuguesa, por sua vez, corresponde à língua materna que gera significação e permite a integração da organização do mundo e da interioridade. Nesse âmbito, o domínio da linguagem como atividade discursiva e cognitiva e o domínio da língua como sistema simbólico arbitrário utilizado por uma comunidade linguística constituem condições para uma plena participação social.

Quanto aos objetivos gerais, os *PCNs* estabelecem a meta de que os alunos do Ensino Fundamental, no decorrer do processo de ensino-aprendizagem de Língua Portuguesa desse segmento educacional "adquiram progressivamente uma competência em relação à linguagem que lhes possibilite resolver problemas da vida cotidiana, ter acesso aos bens culturais e alcançar a participação plena no mundo letrado" (BRASIL, 1997a, p. 41).

No que tange aos conteúdos de Língua Portuguesa no Ensino Fundamental, os *PCNs* distinguem dois eixos organizadores básicos em torno dos quais esses primeiros se articulam. O primeiro desses eixos compõe-se pelos usos da língua em suas modalidades oral e escrita, sendo os seus conteúdos organizados em práticas de escuta e de leitura de textos. O segundo, por sua vez, encerra a reflexão sobre a língua e a linguagem, seus conteúdos vinculam-se à reflexão ou análise linguística[4] articulada tanto à leitura/escuta como à produção escrita e oral. "Considerar a articulação dos conteúdos nos eixos citados significa compreender que tanto o ponto de partida como a finalidade do ensino da língua é a produção/compreensão de discursos" (BRASIL, 1997a, p. 44). Em suma, os conteúdos se organizam em dois eixos que compreendem: de um lado, as práticas de escuta e leitura de textos e as práticas de produção de textos orais e escritos,

---

4. A análise linguística comporta as atividades epilinguística e metalinguística. "Por atividade epilinguística se entendem os processos e operações que o sujeito faz sobre a própria linguagem. [...] Por atividade metalinguística se entendem aquelas que se relacionam à análise e reflexão voltada para a descrição, por meio da categorização e sistematização dos conhecimentos" (BRASIL, 1998, p. 28). É a partir do que os alunos conseguem intuir no trabalho epilinguístico que eles poderão falar e discutir sobre a linguagem registrando e ordenando suas intuições por meio da atividade metalinguística descritiva e categorizante.

organizadas no eixo USO; de outro, as práticas de reflexão ou análise linguística, vinculadas ao eixo REFLEXÃO.

Em outras palavras, na organização de conteúdos proposta nos *PCNs*, evidencia-se que tanto o ponto deflagrador quanto à finalidade do ensino de Língua Portuguesa são o seu uso efetivo na produção de textos e na compreensão de discursos, permeados pela análise e pela reflexão sobre a língua.

Assim, o critério de organização dos conteúdos de Língua Portuguesa em termos de USO → REFLEXÃO → USO, de certa forma, define também o eixo didático, a linha geral de tratamento dos conteúdos. Caracteriza um movimento metodológico de AÇÃO → REFLEXÃO → AÇÃO, em que se pretende que, progressivamente, a reflexão se incorpore às atividades linguísticas do aluno de tal forma que ele tenha capacidade de monitorá-la com eficácia (BRASIL, 1997a, p. 48).

No que diz respeito à metodologia, se esta tradicionalmente dividia o ensino da língua em dois estágios, compreendendo o primeiro destes à alfabetização e o segundo ao estudo da língua propriamente dita (exercícios de redação, treinos ortográficos e gramaticais no nível da realização de exercícios e da classificação exaustivas), os *PCNs* destacam, no que diz respeito à metodologia, a necessidade de se desenvolver a competência discursiva do aluno para que este saiba utilizar a língua produzindo distintos efeitos em diferentes situações e modalidades, aplicando, para isso, tanto a competência linguística como a estilística. Nessa abordagem metodológica, o aluno não deve escrever para um interlocutor único (o professor) e a diversidade textual de fora da escola deve estar a serviço da expansão do conhecimento letrado do aluno. A metodologia proposta pelos *PCNs* pauta-se, por outro lado, na prática a partir da reflexão e no abandono do poder modelizador exercido por meio das práticas de interpretação, ensino e abordagem descontextualizada e fragmentada de textos, outrora vigentes no ensino de Língua Portuguesa.

Com relação aos recursos didáticos, sabemos que eles estimulam e facilitam o processo de ensino e aprendizagem; no entanto, como ressaltado nos *PCNs*, é fundamental que se priorizem os usos de textos autênticos, tomando-se o cuidado de prezar pela manutenção de suas características gráficas, bem como dos diferentes elementos que favorecerão a atribuição de sentido por parte dos alunos. Daí a relevância de que os textos sejam trazidos para a sala de aula nos seus portadores originais, para que, dentro do possível, sejam mantidos seus vínculos com os seus usos sociais. Na alfabetização inicial, destacam os *PCNs*,

> alguns materiais podem ser de grande utilidade ao professor: alfabetos, crachás ou cartazes com nomes dos alunos, cadernos de textos conhecidos pela classe, pastas de determinados gêneros de textos, dicionários organizados pelos alunos com suas dificuldades ortográficas mais frequentes, jogos didáticos que proponham exercícios linguísticos, por exemplo (BRASIL, 1997a, p. 93).

A avaliação, por fim, é concebida nos *PCNs* como parte integrante e intrínseca ao processo educacional, não se restringindo a julgar sucessos ou fracassos do aluno, mas abrangendo um conjunto de ações que tem por fim alimentar, sustentar e orientar a intervenção pedagógica. Caracteriza-se como processo contínuo de interpretação qualitativa do conhecimento construído pelo aluno possibilitando "conhecer o quanto ele se aproxima ou não da expectativa de aprendizagem que o professor tem em determinados momentos da escolaridade, em função da intervenção pedagógica realizada" (BRASIL, 1997b, p. 55). A avaliação fornece ainda subsídios para que o professor reflita sobre suas práticas, favoreça a criação de novos instrumentos de trabalho e retome "aspectos que devem ser revistos, ajustados ou reconhecidos como adequados para o processo de aprendizagem individual ou de todo o grupo" (BRASIL, 1997b, p. 55), enquanto para o aluno ela favorece a tomada de consciência de suas conquistas, dificuldades e possibilidades para que este reorganize sua aprendizagem.

No contexto do ensino-aprendizagem de Língua Portuguesa, os critérios de avaliação, sempre vinculados aos objetivos,

> devem ser compreendidos: por um lado como aprendizagens indispensáveis ao final de um período; por outro, como referências que permitem – se comparados aos objetivos do ensino e ao conhecimento prévio com que o aluno iniciou a aprendizagem – a análise dos seus avanços ao longo do processo, considerando que as manifestações desses avanços não são lineares, nem idênticas (BRASIL, 1997a, p. 97).

Organização didática da ação alfabetizadora

Para o ensino de Língua Portuguesa, afirmam Selbach et al. (2010), é fundamental que haja boa articulação entre três elementos: o *aluno*, sujeito de seu processo de aprendizagem, dotado de saberes linguísticos prévios que devem ser respeitados e valorizados; os *conteúdos conceituais* ou conhecimentos fundamentais que possibilitarão a transformação do aluno em seu gradativo domínio da linguagem; e o *professor*, que organizará a mediação entre o aluno e os conhecimentos.

A organização da mediação, prosseguem Selbach et al. (2010), inclui, em primeiro lugar não apenas o planejamento, mas também o desenvolvimento de situações de interação que viabilizem a constituição do conhecimento almejado. Também é parte da organização da mediação a proposição de aulas e de atividades que favoreçam o contato do que o aluno aprende em sala de aula com o que vivencia em sua realidade. É fundamental, nesse processo de mediação, o acompanhamento, por parte do professor, das práticas sociais de uso da linguagem de seus alunos. E, como não poderia deixar de ser, em sua mediação o professor deve apoiar e orientar a reflexão dos alunos de modo a favorecer tanto a atribuição de sentido como a análise linguística por parte destes.

No que diz respeito à alfabetização em específico, Piccoli e Camini (2012, p. 102) afirmam que "alfabetizar está relacionado a desenvolver habilidades de raciocínio sobre a língua para comunicar-se pela leitura e escrita, utilizando os gêneros textuais que circulam em cada contexto cultural". O desenvolvimento do conjunto de habilidades a ser acionado nesse processo, para que se conduza o aluno à leitura e à produção de textos escritos com autonomia, requer uma organização didática da ação alfabetizadora.

Para tanto, o trabalho de alfabetização, afirma Piccoli (2013, p. 37), deve pautar-se no equilíbrio e na articulação de três eixos a serem considerados pelo professor. São eles: as *práticas de leitura, escrita e oralidade*; a *funcionalidade da escrita*; e os *aspectos linguísticos da alfabetização*.

No que tange às *práticas de leitura, escrita e oralidade* (primeiro eixo), estas devem ser realizadas de modo a voltar-se a atenção para o desenvolvimento tanto da competência textual dos alunos como das habilidades desses para compreender, interpretar e produzir textos orais e escritos em adequação às situações sociais de uso. Nesse sentido é importante que o professor esteja atento para o fato de tais práticas se vincularem ao eixo de conteúdos correspondente ao "uso" da língua. Para tanto, a conceituação de leitura, escrita e oralidade favorecerão a realização de um trabalho crítico e reflexivo por parte do professor alfabetizador.

Partimos do conceito básico de leitura como atividade de produção de sentido na qual "o leitor realiza um trabalho ativo de compreensão e interpretação do texto" (KOCH & ELIAS, 2007, p. 12). Acrescentamos a esta definição as palavras de Geraldi (2009, p. 66), que considera que "aprender a ler é [...] ampliar possibilidades de interlocução com pessoas com quem não encontraremos frente a frente e interagirmos com elas, compreendendo, criticando e avaliando seus modos de compreender o mundo". O autor sustenta ainda que as políticas de leitura devem estar associadas a políticas de transformação e rupturas sociais mais amplas.

A escrita, por sua vez, é uma prática que exige ativação de conhecimentos e mobilização de estratégias por constituir um processo interacional da língua em que autores e leitores se constroem e são construídos no texto, e que demanda não apenas ativação de conhecimentos dos componentes da situação comunicativa, mas também seleção, organização e desenvolvimento das ideias para garantir continuidade do tema e progressão; balanceamento entre informações: "novas" e "dadas", "explícitas" e "implícitas", tal como revisão da escuta ao longo do processo, considerando interação e objetivos (KOCH & ELIAS, 2010, p. 34). Para Geraldi

(2009, p. 66), "escrever é ser capaz de colocar-se na posição daquele que registra suas compreensões para ser lido por outros e, portanto, com eles interagir".

Marcuschi (2007, p. 17) considera que escrita e oralidade são práticas e usos da língua com características próprias, mas não opostas para caracterizar uma dicotomia. "Ambas permitem a construção de textos coesos e coerentes, [...] a elaboração de raciocínios abstratos e exposições formais e informais, variações estilísticas, sociais, dialetais". No entanto, na abordagem de ensino tradicional, presente em muitas práticas até então vigentes, a fala é apontada como o lugar do erro, podendo, em alguns casos, vir a ser considerada como correta apenas ao aproximar-se da norma culta (BAGNO, 2003).

O segundo eixo a ser considerado pelo professor nas práticas de alfabetização, destacado por Piccoli (2013), é a *funcionalidade da escrita*, relacionada aos usos da leitura e da escrita nas várias esferas em que os alunos circulam, para que estes se insiram ativamente na cultura escrita. Nesse sentido, o professor deve salientar o desenvolvimento das práticas de leitura como atos culturais, políticos e democráticos. No entanto, para tornar a leitura um ato cultural verdadeiro, afirma Perroti (1990, p. 99-100) "o primeiro esforço estaria [...] na dessacralização, na superação de concepções salvacionistas do ato de ler e de sua promoção [...]. Dessacralizar a leitura não significa [no entanto] reduzi-la ao circuito estreito do consumo". Por outro lado, no que diz respeito à leitura como ato político e democrático, Leahy-Dios (2000, p. 250) ressalta que a democracia cultural "somente pode ser alcançada nas salas de aula [...] através do acesso ao conhecimento e ao uso das diferentes teorias críticas [...] como ferramentas válidas para fortalecer todos os envolvidos [...] permitindo o diálogo amplo" entre os sujeitos protagonistas do ensino. Comitti (2003, p. 152) destaca por sua vez que "não é a descoberta da leitura que conduz o indivíduo ao exercício da cidadania; mas é a descoberta da cidadania que conduz o indivíduo ao exercício ativo da leitura". Ademais, é importante que o professor preze, nas práticas de leitura e escrita, pelo uso de gêneros variados em seus usos sociais, e destinadas a interlocutores reais, pois "não é fácil imaginar que alguém escreva 'para ninguém' fora dos muros escolares. Sempre há um destinatário" (KAUFMAN & RODRÍGUEZ, 1995, p. 51).

O terceiro eixo reúne os *aspectos linguísticos da alfabetização*, e requer do professor o cuidado de favorecer situações de reflexão metalinguística que priorizem a apropriação do sistema de escrita, e, consequentemente, a sistematização acerca dessas reflexões. Com o objetivo de favorecermos a compreensão e a aplicação desse eixo por parte do professor, apresentaremos, no capítulo seguinte, as principais metodologias para o ensino de leitura e escrita.

Por fim, enumeramos os três momentos pedagógicos destacados por Piccoli (2013) e por Morais (2012), que devem ter espaço garantido no planejamento diário destinado às classes de alfabetização, e que serão esmiuçados na sugestão de trabalho proposta adiante, sejam eles a *reflexão metalinguística*, a *sistematização* e a *intervenção pedagógica*.

A canção e o plano didático

Com a intenção de caracterizarmos a canção como gênero textual, bem como situá-la na proposta de alfabetização por meio de práticas envolvendo os três momentos pedagógicos, conceituamo-la a partir de Costa (2002, p. 108) como sendo "uma peça verbo-melódica breve, de veiculação vocal". Trata-se de um gênero híbrido pelo fato de ser o resultado da "*conjugação de dois tipos de linguagens, a verbal e a musical (ritmo e melodia)*" (COSTA, 2002, p. 107 – grifo do autor). Por esse motivo a canção não deve ser vista apenas como um texto verbal e nem somente como uma melodia, mas como uma conjunção dessas duas linguagens. "A canção exige uma tripla competência: a verbal, a musical e a lítero-musical, sendo esta última a capacidade de articular as duas linguagens" (COSTA, 2002, p. 107).

Mas se, por um lado, os gêneros canção e poesia se aproximam em razão de ambos contarem frequentemente com o uso de recursos de metrificação, versificação, rimas e estrofes e figuras de efeito sonoro (GOLDSTEIN, 2005), por outro lado eles se distanciam no que tange às situações a que se destinam: enquanto a canção é feita para ser cantada, a poesia é produzida para ser lida silenciosamente ou em voz alta (COSTA, 2002). Consideramos importante que o professor tenha em mente essa distinção para que não cometa o equívoco de separar a letra da melodia de modo a apresentar o gênero canção na sala de aula como se fosse uma poesia. Em outras palavras, "a audição musical em sala de aula se revela fundamental no trabalho com a canção" (COSTA, 2002, p. 120).

O trabalho proposto a seguir, tomando como texto deflagrador uma canção, consiste na realização de reflexões metalinguísticas e sistematizações mediadas pela indispensável intervenção pedagógica por parte do professor. Piccoli

(2013) ressalta a importância de que tais práticas envolvendo os três momentos pedagógicos sejam realizadas diariamente no "horário nobre" do turno escolar, aquele no qual os alunos estão mais concentrados.

Sugerimos que o professor elabore planos de aula a partir das informações sobre planejamento didático apresentadas anteriormente, bem como de conhecimentos encontrados em outros livros específicos sobre o tema, visando à realização das sugestões apresentadas neste livro. Os planos de aula serão elaborados com base na realidade de cada escola e de cada turma, considerando, portanto, a pluralidade cultural, regional, geográfica, climática, étnica do Brasil. Não nos parece conveniente apresentar planos de aula únicos para serem usados em turmas das mais diversas regiões desse nosso imenso país. Por essa razão, lançamos mão de algumas informações para que o professor, identificando os principais aspectos a se considerar na elaboração de um plano de aula, possa materializar seu planejamento a partir do levantamento diagnóstico de sua turma e de sua escola, de modo a levar em conta, desde o planejamento, o caráter coletivo, político e solidário de seu trabalho, considerando a realidade social e as diferentes vozes dos sujeitos protagonistas do ensino-aprendizagem.

Segundo Farias et al. (2009, p. 126), "um plano de aula traduz uma sequência didática organizada". O professor deve atentar para aspectos da redação na elaboração de seu plano de aula, cuidando para que nele se façam presentes os elementos constitutivos desse instrumento de planejamento e prezando pela coerência interna entre tais elementos. A redação do plano deve ser: *objetiva* com texto sucinto e preciso; *clara* no que diz respeito às ideias, para que estas sejam facilmente entendidas; e *correta*, textual e gramaticalmente. Farias et al. (2009, p. 126) afirmam ainda que o plano de aula deve apresentar coerência interna entre objetivos e conteúdos, entre conteúdo e série/ano a que se destina, entre conteúdo e práticas sociais e cotidianas dos alunos, entre atividades previstas e tempo de duração da aula, entre atividades e recursos utilizados, e entre objetivos, critérios e instrumentos de avaliação. Por fim, apresentamos a sequência de elementos constitutivos do plano, antecedidos de título e identificação do plano (escola, disciplina, professor, série, tempo de duração da aula).

> PLANO DE AULA
>
> Escola/Instituição de ensino.
> Disciplina.
> Professor.
> Série/Ano.
> Duração da aula.
>
> 1 Objetivos;
>   1.1 Objetivo geral;
>   1.2 Objetivos específicos.
>
> 2 Conteúdo (em tópicos);
>
> 3 Metodologia (apresentação das estratégias de ensino);
>
> 4 Recursos didáticos;
>
> 5 Critérios e instrumentos de avaliação;
>
> 6 Referências.

Sugestão de trabalho para alfabetizar com texto do gênero canção

Sopa: rimas, ritmos e brincadeiras em meio a reflexões metalinguísticas, sistematizações e intervenções pedagógicas

Em um primeiro momento dessa atividade, sugerida para a alfabetização de crianças (mais adiante apresentamos variações para sua aplicação em turmas da EJA), será realizada a audição da canção *Sopa* (PERES, 1996), da autoria de Sandra Peres, gravada no CD *Canções de brincar* do grupo *Palavra Cantada*.

A faixa do CD será reproduzida no aparelho de som por diversas vezes até que as crianças comecem a cantar. Sugerimos ao professor que não tente ensinar a letra completa logo de início, mas que em princípio combine com a turma o silêncio necessário para a escuta (sem palmas ou uso concomitante de instrumentos) para que elas atentem para as rimas novas e improváveis.

Entre os momentos de audição, o professor poderá realizar um levantamento dos conhecimentos das crianças sobre os alimentos, animais e objetos lançados à sopa (espinafre, tomate, feijão, agrião, farinha, balinha, macarrão, caminhão, rabanete, sorvete, berinjela, panela, mandioca, minhoca, jacaré, chulé, alho-poró, sabão em pó, repolho, piolho, caqui, javali, palmito, pirulito).

Então, será apresentada a letra da canção para favorecer o entendimento. E novamente os alunos poderão escutar e cantar a canção.

QUE QUE TEM NA SOPA DO NENÉM?
QUE QUE TEM NA SOPA DO NENÉM?
SERÁ QUE TEM ESPINAFRE?
SERÁ QUE TEM TOMATE?
SERÁ QUE TEM FEIJÃO?
SERÁ QUE TEM AGRIÃO?
É UM, É DOIS, É TRÊS...

QUE QUE TEM NA SOPA DO NENÉM?
QUE QUE TEM NA SOPA DO NENÉM?
SERÁ QUE TEM FARINHA?
SERÁ QUE TEM BALINHA?
SERÁ QUE TEM MACARRÃO?
SERÁ QUE TEM CAMINHÃO?
É UM, É DOIS, É TRÊS...

QUE QUE TEM NA SOPA DO NENÉM?
QUE QUE TEM NA SOPA DO NENÉM?
SERÁ QUE TEM RABANETE?
SERÁ QUE TEM SORVETE?
SERÁ QUE TEM BERINJELA?
SERÁ QUE TEM PANELA?
É UM, É DOIS, É TRÊS...

QUE QUE TEM NA SOPA DO NENÉM?
QUE QUE TEM NA SOPA DO NENÉM?
SERÁ QUE TEM MANDIOCA?
SERÁ QUE TEM MINHOCA?
SERÁ QUE TEM JACARÉ?
SERÁ QUE TEM CHULÉ?
É UM, É DOIS, É TRÊS...

QUE QUE TEM NA SOPA DO NENÉM?
QUE QUE TEM NA SOPA DO NENÉM?
SERÁ QUE TEM ALHO-PORÓ?
SERÁ QUE TEM SABÃO EM PÓ?
SERÁ QUE TEM REPOLHO?
SERÁ QUE TEM PIOLHO?
É UM, É DOIS, É TRÊS...

QUE QUE TEM NA SOPA DO NENÉM?
QUE QUE TEM NA SOPA DO NENÉM?
SERÁ QUE TEM CAQUI?
SERÁ QUE TEM JAVALI?
SERÁ QUE TEM PALMITO?
SERÁ QUE TEM PIRULITO?
É UM, É DOIS, É TRÊS... (PERES, 1996).

Na aula seguinte, antes de promover novamente a escuta da canção (as crianças provavelmente pedirão ansiosas), serão registradas na lousa as palavras relacionadas a seguir, um par por vez. A cada par de palavras escrito, o professor apresentará fichas com as fotos de cada objeto, animal ou alimento (preparadas previamente), mostrando-as aos alunos (o primeiro par "espinafre/tomate" foi suprimido por apresentar rima toante: apenas as vogais a partir da tônica coincidem. Sugerimos que seja apresentado por último).

FEIJÃO
AGRIÃO

FARINHA
BALINHA

MACARRÃO
CAMINHÃO

RABANETE
SORVETE

BERINJELA
PANELA

MANDIOCA
MINHOCA

JACARÉ
CHULÉ

ALHO-PORÓ
SABÃO EM PÓ

REPOLHO
PIOLHO

CAQUI
JAVALI

PALMITO
PIRULITO

 Ao escrever o primeiro par (FEIJÃO/AGRIÃO), o professor perguntará aos alunos o que feijão e agrião têm em comum.

Possivelmente surgirão aspectos extralinguísticos, como o fato de serem alimentos e de serem vegetais. O professor dirá que eles têm mais uma coisa em comum, deixando que as crianças tentem descobrir que a outra semelhança diz respeito à rima. Caso não detectem essa semelhança, o professor passará ao o outro par (FARINHA/BALINHA). Ao responder à mesma questão lançada pelo professor sobre as semelhanças entre farinha e balinha, os alunos poderão dizer que ambos servem para comer. O professor dirá que há mais uma coisa em comum, deixando que, no seu tempo, elas indiquem (ou não) que se trata da rima ou da semelhança existente em uma parte das palavras. A essa altura é provável que algum aluno tenha detectado essa semelhança. Caso ainda não tenham percebido, o professor ainda não dará a resposta, e passará para o terceiro par (MACARRÃO/CAMINHÃO). O fato de macarrão e caminhão não se fazerem presentes em um mesmo campo semântico poderá conduzir à discussão sobre a semelhança entre as palavras. Caso as crianças ainda não tenham detectado a semelhança entre as palavras, o professor indicará que mesmo não havendo nada em comum entre um macarrão e um caminhão, no modo de escrever as palavras se parecem.

Nesse momento, o professor retornará ao primeiro par apresentado e chamará a atenção da turma para o aspecto linguístico das rimas, nas semelhanças tanto da fala como da escrita dos pares de palavras. Destacará elementos de cada palavra do par em questão, como: letra inicial, letras finais (que coincidem), vogais da palavra, contagem de sílabas, realizando frequentes comparações entre as palavras. Assim fazendo com cada par apresentado.

Por meio desse movimento, se efetivará gradativamente o momento pedagógico da *reflexão metalinguística*, permeada pelo momento pedagógico que se fará presente no decorrer de toda a atividade, a *intervenção pedagógica*. A realização dessa atividade poderá se dar em várias aulas de acordo com o acompanhamento da turma. Sugerimos que no início e no fim de cada aula seja apresentada a canção em áudio.

Após a apresentação de cada par de palavras, cada criança receberá uma folha com fotos ou figuras dos objetos, alimentos ou animais equivalentes às duas palavras apresentadas e escreverá ao lado de cada foto a palavra-chave relacionada à imagem. Nela destacará, a cada par de palavras que rimam, as partes que se repetem. Durante esse momento pedagógico de *sistematização*, realizado a partir das reflexões propostas, se fará imprescindível uma intervenção pedagógica individualizada. As palavras também serão analisadas pelos alunos quanto ao número de sílabas e de letras, registrando as quantidades abaixo de cada palavra. Nesse movimento de recomposição das ações propostas pelo professor na reflexão metalinguística, o aluno colocará em operação os conhecimentos sobre os quais refletiu.

De acordo com o nível de alfabetização e de letramento dos alunos, o professor poderá realizar a mesma atividade a partir de outras canções (prezando-se sempre pela audição da canção), tomando outras palavras-chave para a realização da mesma proposta. Algumas delas podem ser usadas junto a alunos da EJA, como, por exemplo, a canção *Fico assim sem você*, de Abdullah e Cacá Moraes, interpretada tanto por Claudinho e Bochecha como por Adriana Partimpim (Adriana Calcanhoto), a partir da qual poderão ser destacadas as palavras-chave: asa/brasa; bola/frajola; assim/fim; palhaço/ abraço; beijinho/Claudinho; instante/autofalantes; castigo/ comigo; chupeta/Julieta; estrada/goiabada, ou a canção *O xote das meninas*, de Luiz Gonzaga e Zédantas, consagrada na voz de Luiz Gonzaga e posteriormente interpretada por diversos artistas brasileiros (Ivon Curi, Quinteto Violado, Marisa Monte, Neguinho da Beija-Flor, Dominguinhos, Alceu Valença, Luiz Caldas, Daniel Gonzaga, Gilberto Gil, entre outros) apresentando alguns pares de palavras-chave, como: seca/boneca; sertão/coração; pintada/acordada; adoentada/nada; examina/surdina; menina/medicina. O professor poderá ainda optar por tomar por foco determinados pares de palavras-chave que favoreçam o trabalho individualizado com alunos de um determinado nível de desenvolvimento, deixando outros pares para momentos posteriores.

Reiteramos que durante a realização da atividade com crianças não é recomendado o uso da terminologia de classificação metalinguística da gramática oficial, mas sim a promoção de um ambiente que lhes favoreça a criação de "sua própria gramática" (FERREIRO & TEBEROSKY, 1999, p. 22) que deve ser respeitada, valorizada e observada positivamente ao mesmo tempo em que elas serão orientadas por meio da intervenção pedagógica no sentido de que aprimorem e desenvolvam suas hipóteses.

3
Concepções de linguagem e métodos de alfabetização: entre opções políticas

Concepções de linguagem na alfabetização

Sabemos que a ideologia se faz presente nas práticas sociais. Com a ação docente não poderia ser diferente. Com base nessa premissa, Geraldi (2002, p. 40) afirma que "toda e qualquer metodologia de ensino articula uma opção política". A opção política é, portanto, inerente ao ato de educar, a ponto de ser uma opção política até mesmo a escolha por supostamente abrir mão de opções políticas em suas práticas. A diferença é que, ao assumirmos nossa opção ideológica e política, estamos tomando as rédeas da ação docente. Ao optarmos por supostamente não assumirmos uma opção política, estamos abrindo mão do nosso direito de decisão no âmbito da prática profissional na educação.

Para lançarmos mão desse direito é importante que perguntemos a nós mesmos: Para que ensinamos o que ensinamos? E que respondamos reflexivamente, e sinceramente, ao nosso autoquestionamento. Ademais, quando se trata do ensino de Língua Portuguesa, a resposta ao "para quê" envolve não apenas a postura que assumimos em relação à educação, mas também a concepção de linguagem que assumimos em nossas abordagens e práticas, pois "assumir uma perspectiva teórico-metodológica implica assumir crenças e valores a ela vinculados" (OLIVEIRA & WILSON, 2010, p. 241).

A alfabetização como processo indiscutivelmente político pode se consolidar tanto em uma ação para domesticar os homens, sob as perspectivas da prática astuta e da prática ingênua, quanto em uma ação para promover sua libertação, sob uma perspectiva crítica.

Para que o professor possa, de fato, assumir criticamente a ação docente em seu caráter político, é importante que ele conheça e identifique nas práticas, nas diferentes abordagens, nos livros didáticos, nas propostas curriculares e nas diferentes metodologias, as concepções de linguagem que lhes subjazem.

Apresentamos, a seguir, três concepções de linguagem seguidas das principais abordagens linguísticas às quais se vinculam.

A primeira delas concebe a linguagem como expressão do pensamento. A partir dessa concepção "as pessoas que não conseguem se expressar não pensam" (GERALDI, 2002, p. 41), fundada nessa premissa, essa concepção gerou (e ainda gera) inúmeros preconceitos e mecanismos de exclusão. Respaldados nessa concepção, encontram-se as abordagens dos estudos tradicionais da linguagem baseadas na noção dicotômica de certo/errado e nas práticas de análise da palavra, do sintagma e da oração da gramática tradicional (OLIVEIRA & WILSON, 2010, p. 236).

A segunda concepção diz respeito à linguagem como instrumento de comunicação, estando vinculada à teoria da comunicação, a partir da qual se vê a língua como um código capaz de transmitir ao receptor certa mensagem (GERALDI, 2002). O domínio do código e seu uso adequado garantiriam, portanto, a precisão da comunicação. A abordagem estruturalista, considerando a língua como um sistema virtual e abstrato, apartado de condições interacionais, assume esta concepção. Também a abordagem gerativista, concebendo a gramática das línguas como um processo mental e inato fundado em princípios universais, respalda-se nessa perspectiva. Mesmo a proposta funcionalista de Jakobson, quando reduzida às seis funções da linguagem comumente destacadas de modo descontextualizado de sua abordagem, vincula-se à ideia de linguagem como instrumento de comunicação (OLIVEIRA & WILSON, 2010, p. 236).

Ao atentarmos para o fato de que essas duas primeiras concepções, que estiveram em voga por anos a fio determinando metodologias de ensino da língua, defendem a linguagem como *expressão* do pensamento e como instrumento de *comunicação*, podemos compreender por que razão a disciplina Língua Portuguesa foi chamada por tanto tempo de Comunicação e Expressão, priorizando-se, nesse contexto, práticas vinculadas às abordagens coerentes a tais concepções.

Por último, destacamos a concepção de linguagem como uma forma de interação. Com base nesta perspectiva, entende-se a linguagem como um lugar de interação humana, pois por meio dela o sujeito falante "pratica ações que não conseguiria levar a cabo, a não ser falando; com ela o falante age sobre o ouvinte, constituindo compromissos e vínculos que não preexistiam à fala" (GERALDI, 2002, p. 41). Para a abordagem funcional e pragmática, marcada pela ideia de linguagem não apenas como produto, mas também como processo da interação humana e da atividade sociocultural, "os usos linguísticos são forjados e organizados nos contextos de interação, nas situações comunicativas e, a partir daí, siste-

65

matizam-se para formar as rotinas ou padrões convencionais de expressão" (OLIVEIRA & WILSON, 2010, p. 238-239). Nessa perspectiva, o professor mediador do ensino-aprendizagem deixa de ocupar o lugar central. O processo tem como centro os diversos elementos envolvidos na interação.

Alfabetização: métodos tradicionais sintéticos

A toda e qualquer proposta de alfabetização subjazem concepções sobre a linguagem, sobre a aprendizagem da escrita alfabética e sobre as propriedades dos gêneros textuais escritos. Segundo Morais (2013), os métodos tradicionais de alfabetização, sejam eles os métodos silábico e fônico, ainda são os mais utilizados em grande parte das escolas do Brasil. Tais métodos tomam como ponto de partida concepções sobre compreensão e aprendizado da língua escrita que têm sido alvo de inúmeros questionamentos, pois em geral conduzem ao entendimento da escrita como um código, e não como um sistema notacional.

Nesses métodos tradicionais, parte-se do pressuposto de que as crianças, desde o início da alfabetização, pensam como o adulto alfabetizado, e concebe-se a letra como elemento que substitui o fonema. A partir de uma visão adultocêntrica, essas metodologias não respeitam as hipóteses da criança, reduzindo todo o seu processo de compreensão reflexiva e de construções de hipóteses a um evento pontual, representado pela "metáfora do estalo". Em outras palavras, depois de semanas e meses realizando cópias e exercícios repetitivos, ocorre um "estalo" a partir do qual a criança passa a compreender como o sistema alfabético funciona.

Os métodos tradicionais silábicos partem das letras que ao se juntar representam os sons, as sílabas e as palavras. A junção das letras se dá por meio da prática de soletração, do ensino da combinatória de sons e letras e da silabação. É valorizado, no processo, o aprendizado das vogais, das consoantes, das famílias silábicas, dos ditongos, dos dígrafos etc. As palavras formadas por esse mecanismo sintético encontram-se descontextualizadas, soltas, desarticuladas de textos em seu uso social. Essa metodologia separa, portanto, os processos de alfabetização e de letramento ao relegar a leitura a um segundo plano, enfatizando codificação e decodificação, apelando para a memória e não para a compreensão do processo pela criança. As frases formadas por meio desses métodos frequentemente não apresentam ligação entre si (CARVALHO, 2009, p. 21-24). Os métodos silábicos foram amplamente difundidos e utilizados por meio das cartilhas, entre elas a *Carta de ABC*, de Landelino Rocha e a *Cartilha da infância*, de Thomaz Galhardo.

No que diz respeito aos métodos fônicos, Carvalho (2009, p. 24-25) afirma que sua atenção encontra-se voltada para a dimensão sonora da língua. Sob essa perspectiva metodológica, as palavras são formadas por sons. Em geral, lançam mão de aspectos lúdicos, destacando-se, na disseminação e aplicação dessa metodologia, o *Método da abelhinha*, desenvolvido por Alzira Brasil da Silva, Lúcia Marques Pinheiro e Risoleta Ferreira Cardoso, e o método *A casinha feliz*, criado por Iracema Meireles. No primeiro deles, de caráter misto (analítico e sintético), a forma e os sons das letras relacionam-se a personagens e objetos iniciados com aquela letra. Nessa metodologia, a leitura é vista como processo que tem por fim decodificar por meio da aplicação do código para se desvelar o sentido daquilo que está escrito. A escrita, por sua vez, corresponde à ação de codificar, de inserir uma mensagem em um código (CARVALHO, 2009, p. 21-22). O método *A casinha feliz* também aposta na ludicidade para promover a aprendizagem. É proposta, nesse método, a utilização de bonecos tanto para que os alunos atentem à letra inicial do nome do personagem representado pelo boneco, com a intenção de formar frases e sentenças (sentenciação), como para propor a fusão de sons em sílabas por meio do uso de fantoches de vogais e de consoantes. O método não toma por foco a compreensão do processo por parte da criança que, na maioria das vezes, apenas decora as combinações de sons (CARVALHO, 2009, p. 27).

Alfabetização: métodos globais e analíticos

A gradativa propagação das perspectivas e das abordagens defendidas pelo movimento escolanovista conduzem a uma valorização cada vez maior do respeito às necessidades e aos interesses da criança. As práticas propostas pelos defensores da Escola Nova deveriam partir, portanto, da realidade do aluno, de modo a serem estabelecidas relações entre a escola e a vida social (CARVALHO, 2009, p. 32).

Ganham fundamento, nesse contexto, sobretudo a partir dos trabalhos de Decroly e Claparède, os métodos globais de alfabetização, nos quais se preza pela leitura de textos naturais, de frases vinculadas ao contexto da criança e de palavras significativas (em oposição ao uso de palavras e frases descontextualizadas, bem como à artificialidade das historietas: conjuntos de frases relacionadas por nexos lógicos compostas de palavras formadas a partir das famílias silábicas estudadas, presentes em cartilhas dos métodos sintéticos). A ênfase não está na capacidade do aluno para decodificar e dizer em voz alta o que está escrito (como nos métodos tradicionais), mas sim no significado, desde o início do processo de alfabetização (CARVALHO, 2009, p. 32). Em suma, nesses métodos de caráter analítico, em oposição aos métodos sintéticos, a alfabetização se inicia a partir de unidades amplas, tais como histórias e frases para que, por meio da análise dessas unidades, o aluno chegue às letras e aos sons "sem perder de vista o texto original e seu significado" (CARVALHO, 2009, p. 33).

Entre os métodos globais destacamos, a partir de Carvalho (2009), o Método de Contos, o Método Ideovisual de Decroly, o Método Natural Freinet, a Metodologia de Base Linguística, o Método Natural Heloísa Marinho e o Método Paulo Freire, sobre os quais discorreremos brevemente a seguir.

O Método de Contos, afirma Carvalho (2009, p. 33-35), parte do prazer de ouvir histórias para que, por meio desse recurso, seja possível introduzir a criança no conhecimento de base alfabética e nela desenvolver o gosto pela leitura. Nesse método, chega-se às palavras e às sílabas a partir da análise de texto. Outra diferença desse método com relação aos tradicionais está no uso do pré-livro, e não da cartilha. A resistência dos docentes a esse método consolidou um de seus maiores obstáculos. Destaca-se, entre os pré-livros produzidos pelas alunas de Lúcia Casasanta, sua maior entusiasta no Brasil, *O livro de Lili*, de Anita Fonseca.

O Método Ideovisual de Decroly, por ele desenvolvido no início do século XX, tem como ponto de partida temas de interesse infantil. Para ele, o ensino se dá por centros de interesse a partir de temas de interesse dos alunos. No desenvolvimento dos centros de interesse, a criança passa pelas fases de observação, associação e expressão. Partindo do pressuposto de que a criança capta globalmente as formas linguísticas, o método põe em jogo a "função de globalização", iniciando a aprendizagem por frases (e não por letras) como unidades de sentido. Decroly estimula a leitura mental (silenciosa) e sugere o ensino de palavras significativas de modo globalizado. Por exemplo, ao ler etiquetas com as palavras chocolate, açúcar, sal, dispostas em potes distintos contendo esses alimentos, a criança não apenas observava o que nelas estava escrito, mas experimentava o seu conteúdo, associando a escrita ao significado (CARVALHO, 2009, p. 35-36).

Freinet propõe, por sua vez, o Método Natural, considerando que o interesse da criança pela leitura e pela escrita se dará ao se lhe apresentarem textos relacionados às suas experiências. Freinet apoia-se em Decroly ao considerar o texto como unidade de ensino. Condena cartilhas e parte do pressuposto de que é a partir de sua imersão na escrita, por meio da interação com textos, da escuta de histórias, da elaboração de desenhos e de tentativas de escrita, que a criança se familiarizará com essa modalidade. Para Freinet, é lendo que o aluno aprende a ler, e é escrevendo que ele aprende a escrever. Ademais, seu método não se divide em fases ou etapas, nele o ensino se efetiva em situações de uso da escrita em interação com os significados sociais das lutas, do trabalho e das ideias do homem.

Na década de 1970, Helena Gryner elabora, no Rio de Janeiro, a Metodologia de Base Linguística ou Psicolinguística, com base em conceitos dos campos da linguística e da psicologia. Tomando como unidade de ensino a oração ou a frase, o método adota linguagem lúdica em respeito ao desenvolvimento cognitivo e afetivo da criança em suas iniciativas e descobertas. Para tanto, parte do conhecimento prévio da língua oral, dominada pela criança, para que esta se torne consciente das operações sintáticas possíveis a partir de uma oração. A leitura, nessa concepção, só se dá mediante a compreensão do texto. O trabalho se inicia com a escolha, por parte da professora, de orações produzidas pelas crianças que contenham palavras-chave formadas por sílabas CV (consoante-vogal) em que se deem relações biunívocas entre fonema e grafema (nas quais as letras tenham o mesmo som independentemente de sua posição na palavra: fonemas /b/, /p/, /d/, /v/, /f/ representados pelas letras b, p, d, v, f). Ao mesmo tempo procede-se à alternância entre o fácil e o difícil, apresentando-se casos em que são frequentes as dificuldades ortográficas (letras s, m, l, x etc.). São selecionadas, no processo de alfabetização, palavras-chave que possam ser desmembradas em sílabas que favorecerão a formação de um grande número de palavras novas (CARVALHO, 2009, p. 36-41).

Destacamos ainda, entre os métodos elencados por Carvalho (2009), o Método Natural desenvolvido por Heloísa Marinho na década de 1940 (que apesar de apresentar mesmo nome, distingue-se do Método Natural de Freinet). Heloísa, embasando-se em Dewey, Decroly e outros autores da Escola Nova, empenhou-se em conciliar as vantagens dos métodos globais com as vantagens dos métodos fônicos, preocupando-se com o desenvolvimento de habilidades leitoras que extrapolassem a decodificação. Abolindo a cartilha, defendeu a apresentação de exercícios em folhas soltas que viriam a constituir um pré-livro. Utiliza-se da metodologia da palavração, partindo de palavras-chave destacadas de unidades mais extensas e propondo seu desmembramento em sílabas que serão recombinadas entre si. No método de Marinho destaca-se a relevância das atividades lúdicas, livres e criadoras e do manuseio de objetos e materiais diversos.

Disseminado internacionalmente, é denominado comumente Método Paulo Freire o conjunto de estratégias por ele desenvolvidas para a alfabetização. Sua metodologia, lançando mão da palavração, parte da apresentação de palavras deflagradas a partir dos temas geradores desenvolvidos em diálogos com grupos de adultos em processo de alfabetização. A partir dessas palavras geradoras, todas pertencentes ao vocabulário dos alfabetizandos, o coordenador do círculo de cultura promove, com o uso de imagens, debates sobre cultura e trabalho na sociedade (com a intenção de que os alunos se vejam como criadores de cultura e como sujeitos do processo de alfabetização). Essas mesmas palavras geradoras, formadas prioritariamente por sílabas com combinações básicas de fonemas, são decompostas em sílabas que serão, por sua vez, relacionadas em uma ficha às suas famílias silábicas. Por exemplo, a partir da palavra "tijolo" será elaborada uma ficha com as famílias silábicas: ta, te, ti, to, tu; ja, je, ji, jo, ju; la, le, li, lo, lu. Com essas sílabas serão compostas, pelos alunos, novas palavras: luta, lajota, jato, juta, lote, tela (FREIRE, 1980, p. 46). O método preconiza o diálogo com o objetivo de se promover coletivamente a conscientização, tendo em vista a transformação do mundo por meio do reconhecimento de si, por parte do alfabetizando, como sujeito da história, da cultura e da transformação da realidade.

Abordagens interacionistas e aspectos discursivos da alfabetização

Piaget e Vygotsky conferem grande importância ao organismo ativo na produção do conhecimento. Piaget, em seu enfoque interacionista, enfatiza os aspectos estruturais, atribuindo caráter universal aos estágios de desenvolvimento e imputando-lhes suporte predominantemente biológico.

Vygotsky, por sua vez, em sua abordagem sociointeracionista, destaca o papel tanto do contexto histórico e cultural como da interação social, reconhecendo a dimensão histórica do desenvolvimento mental nos processos de desenvolvimento e aprendizagem, chamando atenção para a unidade dialética entre biológico e cultural (PALANGANA, 2001, p. 133-134).

No que diz respeito às abordagens piagetianas do processo de alfabetização, destacamos a Psicogênese da Língua Escrita de caráter interacionista-construtivista, desenvolvida por Emilia Ferreiro e Ana Teberosky.

Segundo Ferreiro e Teberosky (1999) e Teberosky (1993a; 1993b), para contribuir com a aprendizagem da língua escrita por parte dos alunos, o professor precisa saber em que etapa do processo psicopedagógico eles se encontram. As autoras dividem esse processo em quatro períodos nos quais as crianças concebem diferentes hipóteses acerca do funcionamento da escrita alfabética: *pré-silábico, silábico, silábico-alfabético* e *alfabético*.

No período pré-silábico, a criança não entende que aquilo que a escrita nota (registra) são os sons da fala. Segundo as autoras, nesse período são frequentes a hipótese de quantidade mínima, a partir da qual a criança considera a quantidade mínima de três letras para que uma sequência possa ser considerada uma palavra e possa ser lida, e a hipótese de variedade, com base na qual ela considera que, se um segmento apresenta todos os caracteres iguais, ele não serve para ler, não constitui uma palavra. Ademais, nesse nível, para ler coisas diferentes é necessário que haja uma diferença objetiva nas escritas.

O período silábico caracteriza-se por, nessa fase, a criança detectar a notação, por meio da escrita, de uma pauta sonora. Sua leitura coincide sílabas orais a letras escritas, enquanto sua escrita apresenta-se geralmente como silábica quantitativa (em que as letras escritas correspondentes às sílabas ditas não equivalem necessariamente a nenhum dos sons dessas sílabas) ou silábica qualitativa (em que as letras utilizadas para representar as sílabas contemplam sons presentes nessas últimas). As hipóteses dessa fase conflitam, no entanto, com as hipóteses do nível anterior: de quantidade mínima e de variedade de caracteres.

Na fase silábico-alfabética, a criança compreende que aquilo que a escrita nota tem a ver com sons da fala. Nesse período, ela começa a entender de que modo a escrita nota a fala, e que as letras representam sons menores que sílabas. O desafio encontrado pelas crianças nessa fase consiste em ampliar as relações grafofônicas.

No último nível, o alfabético, a criança acredita que a escrita transcreve exatamente a fala. Surgem os erros ortográficos e a necessidade de que ela reflita sobre as convenções ortográficas.

Sob uma perspectiva sociointeracionista vygotskyana do processo de aquisição da escrita, Mayrink-Sabinson (1998) ressalta que o adulto possui um papel muito mais ativo do que se pensa, não devendo ser considerado um mero "informante" sobre a escrita. "É ele quem atribui intenções e interesses à criança, orienta sua atenção para aspectos da escrita, recortando-a com seu gesto e sua fala, tornando-a significativa" (MAYRINK-SABINSON, 1998, p. 111).

Segundo a autora, o adulto letrado é coautor e coconstrutor das hipóteses da escrita elaboradas pela criança. Para ela, o processo de aquisição da escrita não é uma construção linear, cumulativa, de conhecimentos, mas sim "um processo de constituição de conhecimentos que apresenta idas e vindas em que nem tudo está integrado desde o início" (MAYRINK-SABINSON, 1998, p. 117).

Quanto aos aspectos discursivos da alfabetização, Smolka (2012, p. 69 – grifo da autora) afirma que "a alfabetização implica, desde a sua gênese, a *constituição de sentido*. Desse modo, implica, mais profundamente, uma forma de interação com o outro pelo trabalho de escritura". Por essa razão, a alfabetização, para além de ser um processo linguístico, precisa ser reconhecida como um processo discursivo, pois envolve *momentos discursivos*. Tal processo, prossegue Smolka (2012, p. 29 – grifo da autora), se dá em uma "sucessão de *momentos discursivos*, de interlocução, de interação". A autora lança ainda "o desafio político-pedagógico da alfabetização enquanto prática cotidiana e urgente (que não pode parar e ficar esperando "teorias"), mas que se transforma – e precisa ser pensada enquanto se realiza" (SMOLKA, 2012, p. 113).

Nesse ponto, ao reconhecermos o aspecto discursivo, portanto, ideológico, da alfabetização, e ao destacarmos o desafio político-pedagógico da alfabetização lançado pela autora, como prática que se transforma e que precisa ser pensada enquanto é realizada, consideramos relevante reiterarmos que a concepção de língua assumida pelo professor e os métodos de alfabetização por ele utilizados são opções políticas, e que sua postura como professor-pesquisador crítico-reflexivo que reconheça a ação docente como prática social é imprescindível.

A ele cabe, portanto, tomar decisões, mesmo sabendo que, ainda que diversos métodos de alfabetização possam conduzir o aluno com sucesso nesse processo, nenhum desses métodos terá eficácia garantida com todos os alunos. Daí a importância de aliar métodos e de assumir atitudes crítico--reflexivas, analisando os registros das reações e dos avanços dos alunos no processo de alfabetização. Ademais, não apenas em sua formação inicial, mas durante toda a formação continuada, é importante que o professor busque outros alfabetizadores para trocar ideias e discutir problemas surgidos.

Para Carvalho (2009), independente do método escolhido, o conhecimento de suas bases teóricas é condição essencial. Para colher bons frutos na alfabetização, prossegue a autora, é importante que o ensino das relações letras-sons se dê de forma sistemática, mas sem rigidez. O professor, nesse processo, deve estar sempre atento à curiosidade e à realidade do aluno cuidando para que este não perca de vista a compreensão e a produção de sentido a partir do que foi lido. A leitura deve ser vista como informação e prazer. Daí a relevância de se pesquisar métodos mistos e de se aplicar métodos globais, tendo em vista seu caráter motivador ao permitir a atribuição de sentido e a leitura com prazer nas práticas de alfabetização (CARVALHO, 2009).

Receita culinária e métodos de alfabetização: entre sabores e saberes

Antes de apresentarmos nossa sugestão de trabalho para alfabetizar com texto do gênero textual receita culinária, o conceituamos, a partir de Costa (2008), como instruções que têm por finalidade orientar o preparo de um prato. Nele "predomina uma linguagem instrucional com uso de formas verbais (imperativo, infinitivo) de valor imperativo ou impessoal" (COSTA, 2008, p. 157). É comum apresentar-se dividida em duas partes: *Ingredientes* e *Modo de preparo*, podendo ainda conter uma terceira parte: *Modo de servir*.

Na sugestão de atividade descrita a seguir, lançamos mão de receitas culinárias por razões das mais diversas, dentre elas o fato de ser inegável "o interesse das crianças pequenas, entre cinco e oito anos, pelas enumerações" (TEBEROSKY, 1993b, p. 38) presente em receitas culinárias. A autora destaca que, em seu aspecto composicional, as listas ou enumerações comportam elementos sintaticamente homogêneos, assumindo a disposição gráfica vertical presente na relação de *ingredientes* da receita culinária. A seção *modo de preparo*, por sua vez, assume disposição gráfica linear e horizontal, possuindo diferentes elementos sintáticos, outro ponto relevante que complementarmente justifica seu uso.

Nos trabalhos com EJA destacamos a relevância de se atentar para a experiência de mundo dos alunos, alguns dos quais, mesmo sem saber ler, se utilizam (provavelmente a partir de textos orais) dos elementos sintáticos e textuais do gênero receita culinária ao cozinhar ou ao explicar como se prepara determinado prato.

O fato de, tanto as receitas culinárias como o preparo de iguarias e a curiosidade por saber como elaborar determinado prato ou sobremesa, estarem presentes no cotidiano de jovens, adultos e crianças, permeando programas de TV e conversas do dia a dia, também nos leva a optar por este gênero na proposta apresentada a seguir.

A escolha da estratégia da palavração com base na abordagem freireana deve-se à concepção de linguagem como interação por nós assumida, o que favorecerá a realização de diálogos permeados por aspectos históricos e de escolha de palavras que façam parte da realidade cultural e do universo ideológico dos alunos, levando-os a perceber seus costumes como cultura e a si mesmos como criadores de cultura.

Sugestão de trabalho para alfabetizar com textos do gênero receita culinária

Um, dois, feijão com arroz: o saboroso encontro de culturas, palavras, quantidades, medidas, listas, ingredientes, instruções, alfabetização e culinária

O primeiro passo dessa proposta é integrar a apresentação da receita à realidade cultural dos alunos. Sabemos da diversidade cultural e culinária do Brasil; portanto, estamos longe de querer propor o uso das receitas enumeradas a seguir para escolas das várias regiões de nosso país. Sugerimos que, a partir da leitura do livro *Um, dois, feijão com arroz*, de Regina Elena Beltrão da Fonseca (FONSECA, 1994), o professor busque promover a aproximação das preferências dos alunos entre os pratos regionais com as receitas. Então, a partir de um diálogo horizontal sobre culinária, sobre pratos e iguarias, serão levantadas cerca de cinco palavras geradoras (inicialmente com sílabas formadas predominantemente pelo par consoante-vogal) a partir do campo semântico do assunto do debate, que se dará em diálogo com outros temas culturais da região, atentando-se para o fato de que os sujeitos alfabetizandos fazem cultura, fazem história. De acordo com a região do país, poderão vir à tona palavras geradoras a partir de pratos e alimentos como: *tacacá, vatapá, pato no tucupi,*

farofa, caruru, acarajé, mocotó, mate, tereré, pirão, moqueca, vaca atolada, tapioca, curau, suco, pudim, mironga, papa-ovo, bolo, paçoca, café, maniçoba, canjica, pamonha, buchada, (galinha à) cabidela, maracujá, abacaxi, caju, banana, guaraná, pequi, figo, canela, sapoti, buriti, bala, caramelo, pururuca, pavê, virado, mexido, galeto, barreado, sacolé, picolé, bala, gelatina, entre outros. A partir dos pratos e iguarias levantados, o professor selecionará as palavras geradoras, para que, a partir de uma dessas palavras, seja escolhido o prato a ser preparado com a turma (a palavra geradora poderá ser o próprio prato ou um de seus ingredientes).

Consideramos a possibilidade de os alunos da EJA prepararem pratos mais elaborados, principalmente por haver com frequência, nesse segmento, alunos que dominam a arte culinária e que desse modo poderão expressar e ter valorizados seus conhecimentos de mundo. Sugerimos, para essa faixa etária, o livro *Doces mousses salgadas: receitas*, de Regina Elena Beltrão (BELTRÃO, 2000). De início, o professor convidará os alunos para prepararem, juntos, uma iguaria escolhida por todos. Em seguida, dirá que para o preparo precisam saber como fazê-la e perguntará se alguém da turma sabe como prepará-la. A partir de opiniões, conhecimentos prévios e dúvidas dos alunos, o professor ressaltará a importância de seguirem uma receita culinária para que tudo dê certo. Com o intuito de levantar os conhecimentos prévios dos alunos acerca do gênero em questão, o professor perguntará ainda se algum deles já utilizou receita culinária escrita, ou viu alguém o fazendo. Por fim, sugerirá que pesquisem receitas do prato em questão para trazerem na próxima aula.

Na aula seguinte, serão feitas a leitura e o registro na lousa das receitas levadas (os alunos poderão acrescentar receitas ou variáveis que sabem de memória em produções coletivas registradas na lousa). Serão trabalhados concomitantemente, conteúdos referentes a quantidades, unidades de medida, diferenças composicionais entre as seções *Ingredientes* e *Modo de preparo* e grafia de determinadas palavras escolhidas.

No encontro subsequente, serão relembradas as palavras geradoras e será realizado o preenchimento da ficha de leitura a seguir, adaptada da ficha proposta por Lima (1991).

Orientados pelo professor, que previamente terá mediado uma reflexão metalinguística ao preencher a ficha na lousa, os alunos receberão as suas fichas (entregues em branco aos alunos: apenas com as partes em negrito escritas). Eles então serão convidados a sistematizar os conhecimentos compartilhados coletivamente, inserindo, individualmente, a palavra geradora e elaborando possíveis permutações de consoantes com vogais, seguidas das permutações de sílabas, de novas palavras formadas com as sílabas e de frases formadas com essas palavras.

O processo de preenchimento da ficha contará com intervenções pedagógicas individualizadas contínuas por parte do professor. Usamos como exemplo, como palavra geradora, o ingrediente de uma das receitas por nós apresentadas: CANELA. Nas aulas posteriores, a mesma proposta poderá ser realizada a partir de outras palavras geradoras escolhidas pelos alunos, relacionadas a outras receitas: o professor poderá estudar a possibilidade de preparação de acompanhamentos, sucos e sobremesas complementares, além da iguaria principal.

FICHA DE LEITURA

Nome: _____ **Data:** _____

PALAVRA GERADORA:
CANELA

A	CA		NA		LA	
E	CE		NE		LE	
I	CI		NI		LI	
O	CO		NO		LO	
U	CU		NU		LU	

PERMUTAÇÕES:

CA-NA	CE-NA	CI-NA	CO-NA	CU-NA	CA-LA	CE-LA	CI-LA	CO-LA	CU-LA
CA-NE	CE-NE	CI-NE	CO-NE	CU-NE	CA-LE	CE-LE	CI-LE	CO-LE	CU-LE
CA-NI	CE-NI	CI-NI	CO-NI	CU-NI	CA-LI	CE-LI	CI-LI	CO-LI	CU-LI
CA-NO	CE-NO	CI-NO	CO-NO	CU-NO	CA-LO	CE-LO	CI-LO	CO-LO	CU-LO
CA-NU	CE-NU	CI-NU	CO-NU	CU-NU	CA-LU	CE-LU	CI-LU	CO-LU	CU-LU
NA-CA	NE-CA	NI-CA	NO-CA	NU-CA	NA-LA	NE-LA	NI-LA	NO-LA	NU-LA
NA-CE	NE-CE	NI-CE	NO-CE	NU-CE	NA-LE	NE-LE	NI-LE	NO-LE	NU-LE
NA-CI	NE-CI	NI-CI	NO-CI	NU-CI	NA-LI	NE-LI	NI-LI	NO-LI	NU-LI
NA-CO	NE-CO	NI-CO	NO-CO	NU-CO	NA-LO	NE-LO	NI-LO	NO-LO	NU-LO
NA-CU	NE-CU	NI-CU	NO-CU	NU-CU	NA-LU	NE-LU	NI-LU	NO-LU	NU-LU
LA-CA	LE-CA	LI-CA	LO-CA	LU-CA	LA-NA	LE-NA	LI-NA	LO-NA	LU-NA
LA-CE	LE-CE	LI-CE	LO-CE	LU-CE	LA-NE	LE-NE	LI-NE	LO-NE	LU-NE
LA-CI	LE-CI	LI-CI	LO-CI	LU-CI	LA-NI	LE-NI	LI-NI	LO-NI	LU-NI
LA-CO	LE-CO	LI-CO	LO-CO	LU-CO	LA-NO	LE-NO	LI-NO	LO-NO	LU-NO
LA-CU	LE-CU	LI-CU	LO-CU	LU-CU	LA-NU	LE-NU	LI-NU	LO-NU	LU-NU

PALAVRAS NOVAS:

COCO, NENÊ, CANA, CENA, CANO, CONE, CALO, CELA, COLA, COLO, NACO, NUCA, NELA, NELE, NULO, LACA, LAÇO, LUCA, LUCI, LONA, CELINA, CANECA, CANOLA, NICOLE, LANOLINA ETC.

FRASES:

Nicole leva o nenê no colo.

O coco estava na lona do caminhão.

O óleo de canola está mais caro.

Tomei caldo de cana caiana na caneca.

Pressupondo que a maioria dos alunos desse segmento conhece as unidades de medida culinárias, o professor poderá dar mais atenção a aspectos como quantidade, frações, escrita de ingredientes e de modo de preparo, ressaltando a importância de que tentem ler a receita (e não apenas digam como se faz a partir de seus conhecimentos prévios). Após seu preparo, os pratos serão servidos no refeitório como um momento descontraído e coletivo de refeição.

No caso da alfabetização de crianças, serão lidas e registradas na lousa receitas culinárias escolhidas pelo professor, a partir de conversas prévias com os alunos (receitas possíveis de se realizar na escola junto às crianças). A cada item lido, ele conduzirá os alunos por meio de questionamentos à compreensão do significado das medidas: "uma xícara de trigo seria uma xícara feita de trigo? Mas as xícaras são feitas de porcelana, de vidro, de louça ou de plástico". "Duas colheres de sopa de manteiga seriam duas colheres cheias de sopa de manteiga? Alguém já tomou sopa de manteiga?" "Será o que *colheres de sopa de manteiga* quer dizer?" Assim também procederá com as outras unidades de medida culinárias (copo, xícara de café, xícara de chá, colher de café, colher de chá, colher de sobremesa, colher de sopa, litro, grama, pitada etc.). As quantidades também merecem atenção pelo seu caráter interdisciplinar, pois a leitura dos números e das frações remete a conhecimentos matemáticos.

Por fim, será feita a leitura do modo de preparo, indicando-se as diferenças entre a construção vertical da lista de ingredientes e a composição horizontal do modo de preparo. Algumas palavras selecionadas serão analisadas nas relações entre seus sons e sua grafia.

Ao fim do projeto, o professor, tendo agendado previamente com a merendeira e a nutricionista da escola e tendo providenciado os ingredientes e materiais necessários para a efetivação do projeto, conduzirá as crianças ao local adequado ao preparo da receita, onde realizarão sua leitura ao mesmo tempo em que preparam o prato. Nesse ponto, o processo de leitura prosseguirá juntamente com a análise, mas de modo mais dinâmico. O professor poderá pedir que cada aluno leia um dos ingredientes, chamando sua atenção para a quantidade e a medida, e para a ordem sequencial do preparo.

Sugerimos a seguir duas receitas culinárias:

1. Paçoca

Ingredientes:
1 kg de amendoim;
2 pacotes de biscoito maizena;
2 latas de leite condensado;
1 pitada de sal

Modo de preparo: Torre o amendoim no forno médio por cerca de 20 a 30 minutos, espere esfriar, esfregue com as mãos para soltar a casca (deixe esfriar bem para evitar queimaduras). Assopre em lugar aberto para retirar a casca. Leve o amendoim descascado ao liquidificador para moer. Depois de triturado, reserve o amendoim torrado e moído em uma vasilha grande. Bata os biscoitos no liquidificador até moer. Misture na tigela o amendoim, o biscoito triturado, o leite condensado e uma pitada de sal. Despeje a mistura em uma forma retangular untada, apertando bem com as mãos. Deixe descansar por meia hora, corte em cubinhos e sirva.

Rende cerca de 50 porções.

2. Bolo de banana

Ingredientes:

6 ovos;
4 xícaras de chá de açúcar;
3 xícaras de chá de farinha de trigo;
3 xícaras de amido de milho;
2 xícaras de chá de margarina;
2 colheres de sopa de fermento em pó (químico);
2 dúzias de banana nanica;
Canela em pó.

Modo de preparo: Em uma tigela grande, misture o açúcar, a farinha de trigo, o amido de milho, a margarina e o fermento em pó (químico), esfarelando a mistura com os dedos até obter uma farofa homogênea. Coloque uma terça parte da farofa obtida em uma fôrma grande untada, depois coloque uma camada de fatias de banana. A seguir coloque outra terça parte da farofa e mais uma camada de banana fatiada. Por fim, cubra com uma última camada de farofa. Por fim, bata os ovos, junte-os ao leite, e despeje a mistura, de modo a distribuí-la vagarosamente sobre a forma para que penetre pelas camadas formadas. Polvilhe canela, leve ao forno médio por cerca de 30 minutos, retire e sirva.

Rende cerca de 40 pedaços.

4
Consciência fonológica e formação sociopolítica do professor

O alfabetizador e a identificação de fonemas

Neste capítulo trataremos da consciência fonológica e da formação sociopolítica do alfabetizador. Para tanto, definiremos fonética e fonologia em poucas linhas, bem como conceituaremos fonema, grafema e sílaba com o intuito de fornecer subsídios ao professor para que possa contribuir mais efetivamente, em suas práticas de alfabetização, com o processo de desenvolvimento da consciência fonológica do aluno. Na sequência, trataremos da formação sociopolítica do professor alfabetizador para, por fim, apresentarmos uma proposta de trabalho com trava-línguas.

"Fonética e Fonologia são áreas da Linguística que estudam os *sons* da fala" sob pontos de vista diferentes (MASSINI-CAGLIARI & CAGLIARI, 2011, p. 105). A fonética *descreve* os sons da fala sob três pontos de vista: o modo como são produzidos no aparelho fonador (Fonética Articulatória); o modo como são transmitidos: propriedades físicas (Fonética Acústica); e o modo como são percebidos pelos ouvintes (Fonética Auditiva). A fonologia, por sua vez, *interpreta* e explica os resultados da descrição fonética em função dos sistemas de sons das línguas e dos modelos teóricos disponíveis. É a fonologia, portanto, que explicará a razão que leva os falantes do português de determinadas regiões do Brasil a considerarem como sendo o "mesmo som" as consoantes iniciais das palavras "tapa" e "tia" ([t] e [tʃ]), embora articulatória, acústica e perceptualmente sejam diferentes.

Para Mori (2011, p. 149), a Fonética é a "ciência do aspecto material dos sons da linguagem humana". Ela os estuda independentemente da função que desempenham em dada língua. A fonologia, por outro lado, "estuda as diferenças fônicas relacionadas com as diferenças de significado (ex.: [p] ato/[m]ato), ou seja, estuda os fones segundo a função que eles cumprem numa língua específica" (MORI, 2011, p. 149).

Segundo Massini-Cagliari e Cagliari (2011, p. 105), se a análise fonética "se baseia na produção, percepção e transmissão dos sons da fala", a análise fônica "busca o *valor* dos sons em uma língua [...], sua função linguística" (MASSINI-CAGLIARI & CAGLIARI, 2011, p. 106 – grifo dos autores). No que diz respeito à transcrição, enquanto a fonética é representada com seus segmentos entre colchetes: ['tia], ['tʃia]; a transcrição fonológica ou fonêmica é representada entre barras inclinadas: /'tia/.

A fonologia se apresenta como campo de conhecimento indispensável na formação do professor alfabetizador. É Cagliari (1989, p. 87) quem afirma que "há técnicas fonológicas [...] de grande interesse para a professora de alfabetização, que, empregando-as, poderá realizar atividades que motivem o aluno, além de ensinar como certos fatos da língua funcionam". Para compreendermos a relevância dos conhecimentos dessa área no âmbito da educação, traremos à tona alguns conceitos e exemplos.

Em primeiro lugar destacamos o valor distintivo, a partir do qual é possível detectar funções de som distintas que fazem com que determinadas palavras sejam consideradas diferentes entre si. Por exemplo, [p] de *pato* e [b] de *bato* têm valores distintivos, pois mudam significados. Por outro lado, [ei] e [e] em [peiʃe] e [peʃe] de *peixe*, e em [kadeɾa] e [kadeɾa] de cadeira, não mudam significados, possuindo valor não distintivo, enquanto em [meia] e [mea] de *meia* e de *mea culpa* mudam.

Para descobrir se o som tem ou não valor distintivo de palavras, o professor poderá lançar mão do teste de comutação, trocando, por exemplo, [kaza] *casa* por [kasa] *caça*, [kazu] *caso* ou [kata] *cata*; [kata] *cata* por [gata] *gata*; e [gata] *gata* por [gatu] *gato*. Em todos estes casos há valores distintivos envolvidos na permutação.

Chegamos, enfim, ao fonema, a "menor unidade fonológica da língua de que se trata" (MORI, 2011, p. 152). Segundo Cagliari (1989), fonemas são sons que distinguem palavras. Os alofones ou variantes fonéticas, por sua vez, são "as diferentes realizações fonéticas de um fonema" (MORI, 2011, p. 155). Daí a importância de que o professor alfabetizador domine o conceito de valor distintivo e a realização de testes de comutação, pois quando dois sons comutados não distinguem palavras eles estão em variação fonética, representando um único fonema, e não dois (CAGLIARI, 1989, p. 89). Por exemplo: [e] e [ei] em *dê* e *dei são* dois fonemas, /e/ e /ei/, respectivamente. [t] e [tʃ] em *tia*, por sua vez, são variações do mesmo fonema /t/; e, como vimos anteriormente, [e] e [ei] em *peixe* ou *cadeira*, são também variantes de um único fonema /ei/ (com [e] e [ei] em variação).

As variações são livres quando um mesmo falante, em dada ocasião ou em outra, utiliza variantes a seu critério.

Por exemplo, quando um mesmo indivíduo utiliza em um ou outro contexto as variantes [e] ou [ei] do fonema /ei/ diante de [ɾ] e [ʃ], como em [kadeiɾa] e [kadeɾa]; [peiʃe] e [peʃe] (CAGLIARI, 1989, p. 90).

A distribuição complementar (não livre) de alofones ocorre, por sua vez, se "no contexto em que um ocorre o outro nunca ocorre" (CAGLIARI, 1989, p. 91). Por exemplo, o uso de[t] e [tʃ] do fonema /t/ diante de [i] em determinados dialetos do português no Brasil se dá de modo que, enquanto [tʃ] ocorre diante de [i]; [t] ocorre diante de [a], [e], [o], [u]. Nesses dialetos, [t] e [tʃ] estão em distribuição complementar.

Fonemas, grafemas e sílabas

Mori (2011, p. 150) afirma que, "embora os sistemas alfabéticos de escritas sejam idealmente fonológicos, diversos fatores de mudança linguística e extralinguística produzem discrepância entre a estrutura fonológica das línguas e suas ortografias". Daí o necessário questionamento a determinadas concepções de ensino e métodos de alfabetização que consideram a escrita como transcrição da fala ou como imagem do oral.

> A pretensão absurda de que cada grafismo corresponda univocamente a um som conduz, inevitavelmente, a um problema sem solução aparente, inconsistente sob o ponto de vista linguístico, insustentável sob o ponto de vista ideológico, contraditório sob o ponto de vista didático, e perigosamente carregado de conotações dependentes a partir do ponto de vista ideológico (FERREIRO & TEBEROSKY, 1999, p. 264).

Dessa concepção provém, por exemplo, o mito de que se deva pronunciar "corretamente" as palavras para que se escreva corretamente, bem como os preconceitos linguísticos com relação aos registros que se distanciam da norma padrão (em geral os das classes menos abastadas, das regiões rurais ou de determinadas comunidades linguísticas).

A escrita não se configura como código, pois não codifica os sons de outra maneira, como equivocadamente se considera a partir de concepções e métodos respaldados nessa ideia. Na codificação, "tanto os elementos como as relações já estão predeterminados; o novo código não faz senão encontrar uma representação diferente para os mesmos elementos e as mesmas relações" (FERREIRO, 1985, p. 8). Exemplo disso é o Código Morse, no qual a configuração gráfica de cada letra se converte em dada sequência de pontos e traços específica em uma relação biunívoca. O alfabeto, não constituindo um código, é um sistema de notação por configurar-se como um modo de construção representacional de natureza distinta. As consequências dessa dicotomia, afirma Ferreiro (1985), expressam-se em termos dramáticos, pois: se a escrita é vista como código de transcrição, sua aprendizagem não passa de uma técnica. Por outro lado, se ela é concebida como sistema de notação, sua aprendizagem consiste na "apropriação de um novo objeto de conhecimento, ou seja, em uma aprendizagem conceitual" (FERREIRO, 1985, p. 9).

Não há, portanto, correspondência biunívoca entre o fonema /z/ e sua representação grafêmica. Este fonema pode ser representado, por exemplo, pelos grafemas: <z> em *zinco* e *Nilza*; <s> em *liso* e *asa*; <x> em *exagero*, *exalar*. Ademais, os sistemas de escrita não acompanham o desenvolvimento dinâmico da língua oral, de modo que haverá sempre uma defasagem entre fala e representação gráfica.

Por essa razão, preza-se, em determinados métodos, por iniciar-se a alfabetização com palavras que contenham sílabas "formadas de fonemas como /b/, /p/, /d/, /v/, /f/, representados pelas letras b, p, d, v, f, que têm o mesmo som independente da posição na palavra. São casos em que há relação biunívoca entre fonemas e grafemas" (CARVALHO, 2009, p. 40).

A sílaba, por sua vez, "representa o primeiro nível de organização fonológica dos fonemas de uma língua particular" (MORI, 2011, p. 173). Sua estrutura mais comum nas línguas existentes é a CV(C): uma consoante seguida de uma vogal, que, por sua vez, pode ou não ser seguida de uma consoante. Também é frequente prezar-se por iniciar o processo de alfabetização com sílabas CV.

A estrutura silábica pode ser compreendida tomando-se, como exemplo, a palavra monossilábica CV(C) *mar*. Na sílaba [σ], a vogal forma o *núcleo* (Nuc) da *rima* (R). O *núcleo*, sendo o "centro" da sílaba, é acompanhado do *ataque* e da *coda*. O *ataque* (A) é a consoante que o antecede, enquanto a *coda* (Co) lhe é posterior. Sua estrutura obedece, portanto, a relação hierárquica: *ataque-rima* (A-R), dividindo-se a rima em *núcleo* (Nuc) e *coda* (Co), sendo esta última um subconstituinte acessório da *rima* (R).

Sílaba	σ		
Ataque – Rima	A	R	
Núcleo – Coda	-	Nuc	Co
Consoante – Vogal	C	V	C
Fonemas	m	a	R
T. Fonética – Ortografia	/maR/	-	*mar*

No que diz respeito à classificação tipológica da sílaba, esta pode ser simples ou complexa, aberta ou fechada, de acordo com a sua estrutura. Uma sílaba simples é composta por apenas um fonema vocálico, uma vogal (V). A sílaba complexa possui núcleo precedido ou seguido por consoante: (CV, CVC, CCV, CVCC etc.). É considerada uma sílaba aberta a que termina em vogal, enquanto a fechada termina com uma ou mais consoantes (MORI, 2011).

Consciência fonológica

Vernon e Ferreiro (2013, p. 192) definem consciência fonológica como a "capacidade de identificar a estrutura sonora das palavras". Morais (2013, p. 19) a concebe "como um vasto conjunto de habilidades que nos permitem refletir sobre as partes sonoras das palavras".

Para Vernon e Ferreiro (2013, p. 194), a consciência fonológica se relaciona diretamente com a aquisição de um sistema alfabético de escrita. Para as autoras, embora esteja bem-estabelecida a ideia de que há uma estreita relação entre consciência fonológica e aprendizagem da leitura, "ainda está em aberto o debate sobre a consciência fonológica como precursora ou como resultado da aprendizagem da leitura (ou ambas)". Bajard (2002), com base em Olson, considera a possibilidade de que a consciência fonológica seja, de fato, resultado do acesso à escrita, e não o contrário. Como acréscimo, Carvalho (2009) atenta para o fato de que treinamento para desenvolver a consciência fonológica é necessário, mas não suficiente, no complexo processo de alfabetização, que exige outras habilidades além de reconhecer fonemas e corresponder letras e sons. Sua importância seria, a nosso ver, portanto, complementar.

Para Vernon e Ferreiro (2013, p. 194) se "a consciência das unidades intrassilábicas (ataques e rima) se desenvolve antes que as crianças saibam ler", a consciência dos fonemas ocorre na fase em que estas já iniciaram o aprendizado escolar da leitura. Portanto, segundo as autoras, tanto para crianças pré-alfabetizadas como para adultos não alfabetizados, é possível segmentar com facilidade as palavras em sílabas. "No entanto, somente aqueles que aprenderam a ler em um sistema alfabético são capazes de segmentar as palavras em fonemas" (VERNON & FERREIRO, 2013, p. 195). Para elas, a consciência fonológica parece ter uma evolução, não podendo ser considerada dicotomicamente em termos de se ter ou não se ter consciência fonológica (VERNON & FERREIRO, 2013, p. 213).

Atentos à consciência fonológica como um processo, remetemo-nos a Morais (2013), que a considera um vasto conjunto de habilidades que permitem que se reflita sobre as partes sonoras das palavras. Segundo o autor, tais habilidades diferem quanto ao tipo de operação realizada mentalmente pelo sujeito (separar, contar, comparar tamanho e sonoridade), quanto ao tamanho do segmento sonoro considerado "(rimas, fonemas, sílabas, segmentos maiores que um fonema e menores que uma sílaba, segmentos compostos por mais de uma sílaba – como a sequência final das palavras janela e panela)" (MORAIS, 2013, p. 20), e também quanto à posição ocupada por tais segmentos no interior das palavras (no início, meio ou fim).

Por tal razão, o autor destaca que é necessário atentarmos para as habilidades que o aluno precisa desenvolver na medida em que se apropria do sistema de escrita alfabética. E para que se entenda seu desenvolvimento, é fundamental que se possibilite aos alunos fazer suas próprias análises de palavras sem impor-lhes um modelo. Para tanto, o professor-pesquisador não deve considerar suas respostas,de modo dicotômico, em termos de certo ou errado.

No entanto, destaca Morais (2013, p. 19), "ter alcançado uma hipótese alfabética não é sinônimo de estar alfabetizado", é necessário ainda que os alunos tenham bom domínio das convenções som-grafia da língua. Mas é justamente ao avançarem em direção a uma nova hipótese alfabética de escrita que os alunos tendem a avançar no desenvolvimento de sua consciência fonológica.

Para se chegar, por exemplo, a uma hipótese silábica quantitativa (sem valor sonoro), é necessário que o aluno adquira as habilidades de separar e de contar as sílabas orais das palavras, bem como de comparar o tamanho de palavras independente do tamanho dos objetos às quais essas se referem. Para alcançar uma hipótese silábica qualitativa (com valor sonoro convencional), uma hipótese silábico-alfabética ou uma hipótese alfabética, os alunos necessitam adquirir as habilidades de identificar e de produzir palavras que começam com mesma sílaba ou que rimam. Por fim, escrever segundo uma hipótese alfabética requer habilidade de identificar palavras que se iniciam com o mesmo fonema (mesmo sem saber pronunciá-lo isoladamente).

Morais (2013, p. 21), entretanto, nos alerta para o fato de que, ao reconhecermos a importância de algumas habilidades de consciência fonológica para o processo de alfabetização do aluno, não devemos nos deixar levar pela visão simplista que concebe a escrita como um código, em que a chave para dominá-la seria apenas o desenvolvimento da consciência fonológica.

No que diz respeito ao caráter heterogêneo das turmas, alunos em diferentes níveis de conceitualização da escrita entendem de maneira diferente as informações dadas pelo professor. Segundo Vernon e Ferreiro (2013, p. 214), "o ensino direto e sistemático da análise de fonemas, o treinamento em consciência fonológica e o ensino das correspondências entre letras e fonemas", embora possam beneficiar os alunos de níveis mais avançados, podem carecer de utilidade para outros que, estando em níveis menos avançados, ainda não compreenderão informações sobre fonemas. Estes mesmos alunos de níveis menos avançados, destaca a autora, também "são capazes de analisar a fala, mas de outra maneira, e esta análise não lhes impedirá de chegar à consciência fonológica" (VERNON & FERREIRO, 2013, p. 215).

No que diz respeito às atividades de produção escrita, Vernon e Ferreiro (2013, p. 215) afirmam que ao escreverem livremente, os alunos também analisam a fala, portanto, "os docentes que incentivarem as crianças a escrever e refletir sobre sua própria escrita também propiciarão atitudes analíticas sobre a fala".

Em suma, é necessário que o professor estimule o desenvolvimento das habilidades de reflexão fonológica apresentadas pelo aluno desde o início do processo de alfabetização, visando desse modo contribuir com a aquisição do sistema de escrita alfabética por parte do aluno.

Formação sociopolítica do alfabetizador

Não é incomum a propagação da discriminação e do preconceito contra determinadas variedades dialetais nas salas de aula. Tais atitudes, em geral, materializam procedimentos de controle discursivos (FOUCAULT, 2008) que têm por fim interditar e silenciar as vozes dos alunos pertencentes a grupos que têm os seus saberes e práticas subalternizados e calados. Em outras palavras, essas atitudes discriminatórias constituem "sujeitos que se consideram incapazes de proferir, por meio de sua fala não aceita, o discurso que materializa seu saber não compreendido" (MORAES, 2012).

Para Geraldi (2009, p. 54), a escola comumente age como se a língua fosse estática e como se houvesse uma forma linguística correta, desvalorizando por meio da propagação de preconceitos linguísticos a modalidade oral e as variedades dialetais. Para ele, é urgente que se democratize a escola para que a maneira como os alunos das classes populares falam e compreendem o mundo sejam aceitas e compreendidas nessa instituição. Segundo Bortoni-Ricardo (2005, p. 14-15),

> o comportamento linguístico é um indicador claro da estratificação social. [...] Pode-se afirmar que a distribuição injusta de bens culturais, principalmente das formas valorizadas de falar, é paralela à distribuição iníqua de bens materiais e de oportunidades. [...] No caso brasileiro, o ensino da língua culta à grande parcela da população que tem como língua materna – do lar e da vizinhança – variedades populares da língua, tem pelo menos duas consequências desastrosas: não são respeitados os antecedentes culturais e linguísticos do educando, o que contribui para desenvolver nele um sentimento de insegurança, nem lhe é ensinada de forma eficiente a língua padrão.

A autora afirma ainda que "a escola não pode ignorar as diferenças sociolinguísticas [...]. O caminho para uma democracia é a distribuição justa de bens culturais, entre os quais a língua é o mais importante" (BORTONI-RICARDO, 2005, p. 15).

No que diz respeito à alfabetização, Soares (1985) a considera o processo, dentre as tantas aprendizagens escolares, no qual a discriminação favorável às classes privilegiadas se dá mais efetivamente. Se, por um lado, os alunos das classes privilegiadas adaptam-se facilmente às exigências da escola, tanto no que diz respeito aos usos e funções da escrita como no que tange à familiaridade com a norma padrão, por outro lado, os alunos das classes desfavorecidas têm seu processo de alfabetização afetado por preconceitos linguísticos e culturais que levam suas práticas linguísticas a serem "rejeitadas pela escola e, muito mais que isso, atribuídas a um 'déficit linguístico', que seria acrescentado a um 'déficit cultural'" (SOARES, 1985, p. 23), conduzindo-os ao fracasso escolar.

É comum considerar-se que o analfabetismo é de um lado a causa da exclusão socioeconômica, de outro instrumento para a conquista da inclusão socioeconômica. Soares (2008) busca desmistificar e desmitificar tais concepções liberais que, segundo a autora, ocultam outras causas da exclusão da cidadania como, por exemplo, os mecanismos alienantes e opressivos e a má distribuição econômica e de bens materiais, bem como a de direitos sociais, civis e políticos. Ela considera que a relação entre analfabetismo e exclusão da cidadania é muito mais coocorrente do que de causa ou de consequência, respaldando sua afirmativa no fato de as taxas de fracasso, de evasão, de repetência e de abandono escolar *coocorrerem*, lado a lado, junto a outros fatores de exclusão, tais como salários baixos, taxas de desemprego, de desnutrição e subnutrição, de mortalidade e de baixa expectativa de vida.

A contribuição do professor com o exercício de cidadania requer a contextualização da alfabetização em um quadro que abranja os fatores políticos, sociais e econômicos determinantes da cidadania, de modo que o profissional alfabetizador a veja como "um meio, entre outros, de luta contra a discriminação e as injustiças sociais" (SOARES, 2008, p. 56) e a compreenda, por meio de um olhar crítico, como instrumento na luta pela cidadania. É imprescindível, para tanto, que a alfabetização seja situada no tempo histórico e no espaço social em que ocorra ou deva ocorrer para que o professor crítico-reflexivo rompa com a ideia de neutralidade da educação, das concepções de língua e dos métodos a alfabetização. É imprescindível que, nesse movimento de pensamento, o professor rompa ainda com a visão de que o analfabetismo **é** um mal a ser erradicado e de que a alfabetização **é** intrinsecamente boa (como apregoa a perspectiva liberal). É urgente conceber a alfabetização como uma prática ideológica com valor e relevância dependentes dos usos e das funções que a ela se atribui no contexto social (SOARES, 2008, p. 58).

Não é suficiente ensinar a ler e a escrever, é necessário, pois, que se dê acesso às práticas sociais de leitura e de escrita de modo crítico, de maneira a permitir que se desvelem os sentidos ideológicos politicamente distorcidos dos programas de leitura e de alfabetização, possibilitando ao sujeito alfabetizando a conquista e o exercício da cidadania. Para Freire (2008), a alfabetização só tem sentido quando ela decorre de uma reflexão do homem sobre sua própria capacidade de refletir sobre sua posição no mundo, sobre o mundo, sobre o seu trabalho, sobre seu poder de modificar o mundo e a realidade, e sobre o encontro das consciências.

Considerando a alfabetização não apenas como bem simbólico e cultural, mas como instância privilegiada e valorizada de prestígio e de poder, Soares (2008, p. 58) defende a sua democratização a partir do seu reconhecimento como processo político de extrema relevância e como "um instrumento na luta pela *conquista* da cidadania, [...] fator imprescindível ao *exercício* da cidadania" (SOARES, 2008, p. 59 – grifo da autora). A alfabetização, pois, para além de constituir-se como processo de aquisição de uma "técnica", constitui-se como processo político que deve ser estabelecido em um objetivo mais amplo na luta contra as discriminações e exclusões: o "da construção de uma sociedade mais justa e da constituição de uma identidade política e cultural para o conjunto do povo brasileiro" (SOARES, 2008, p. 59). A democratização da alfabetização e do letramento dotaria, desse modo, os sujeitos das classes menos favorecidas de instrumentos necessários "à vivência e até mesmo à sobrevivência política, econômica, social" (SOARES, 2008, p. 58).

Freire defende ainda a necessidade de que a educação esteja "adaptada ao fim que se persegue: permitir ao homem chegar a ser sujeito, constituir-se como pessoa, transformar o mundo, estabelecer com os outros homens relações de reciprocidade, fazer a cultura e a história" (FREIRE, 1980, p. 39). Segundo o autor, a realidade só pode ser modificada quando o homem se dá conta de que ela é modificável e de que ele pode realizar essa modificação.

A nosso ver, a formação sociopolítica do professor alfabetizador visa a práticas alfabetizadoras que conduzam o alfabetizando a reflexões sobre a realidade, e ao desenvolvimento da consciência de sua possibilidade de intervenção na realidade para mudá-la, de modo que o aluno se reconheça como sujeito criador e criativo que faz história por meio de mudanças e transformações: em sua forma de atuar, em suas atitudes e comportamentos, e, consequentemente, na realidade e no mundo. "É preciso, portanto, fazer desta conscientização o primeiro objetivo de toda educação: antes de tudo provocar uma atitude crítica, de reflexão, que comprometa a ação" (FREIRE, 1980, p. 40).

Trava-línguas: trabalhando a consciência fonológica

O trava-línguas é um tipo de parlenda, geralmente uma frase ou um verso, com organização estética e fonológica que dificulta sua pronunciação, conduzindo, com frequência, a falas distintas. A presença de aliterações e assonâncias é um dos recursos mais presentes nesse gênero da tradição oral, portanto, a repetição de determinados sons, muitas vezes em palavras distintas, a nosso ver, pode ser de grande valia no processo de alfabetização, sobretudo no que diz respeito ao desenvolvimento da consciência fonológica.

Ademais, no que diz respeito à alfabetização de crianças, mesmo quando estas não conhecem previamente um trava-língua, elas com frequência se sentem desafiadas a dominá-lo em virtude de seu caráter lúdico (GOMES & MORAES, 2013). Os jovens e adultos, por sua vez, certamente conhecerão alguns trava-línguas e, a partir de sua memória linguística, de seu conhecimento acerca desses jogos com palavras e da sua familiaridade com esse gênero, poderão se sentir mais estimulados a participar ativamente das atividades propostas como sujeitos criadores de cultura.

O trava-línguas é, portanto, um jogo com as palavras, e nesse jogo, tanto a leitura poderá ser buscada com o intuito de favorecer a memorização quanto a memorização poderá favorecer o processo posterior de leitura. Uma das vantagens dos trava-línguas para as atividades aqui propostas,

101

defende Ferreiro (2013, p. 158), está no fato de tais manifestações orais populares, bem como os provérbios, serem mostras da tradição popular, portanto, do mesmo modo que a poesia, "não podem ser parafraseadas, mas devem ser repetidas como são".

Sugestões de trabalho para alfabetizar com trava-línguas

Desafio de trava-línguas: trabalhando a consciência fonológica em jogos com palavras provindas da tradição oral

Considerando-se as variações regionais, sugerimos o trabalho com trava-línguas encontrados em livros ou em registros em áudio, como na faixa 8: *Desafio de trava-línguas* (MARQUES & VALE, 1997) do CD *Enrola-bola: brinque-*

dos, brincadeiras e canções de Rubinho do Vale e Francisco Marques. A partir da escuta da faixa do CD e da leitura de seu encarte (ou da leitura de livros com trava-línguas), o professor convidará os alunos a acrescentar trava-línguas conhecidos por eles ou por membros da família (mediante pesquisa).

Elencamos a seguir alguns trava-línguas da cultura popular que poderão ser trabalhados a partir de brincadeiras e desafios, em meio a outros a serem acrescentados pelo professor ou pelos alunos:

O PEITO DO PÉ DE PEDRO É PRETO.

A ARANHA ARRANHA A JARRA, A JARRA A ARANHA ARRANHA.

O RATO ROEU A ROUPA DO REI DE ROMA.

É MUITO SOCÓ PRA UM SOCÓ SÓ COÇAR.

VOCÊ SABIA QUE O SABIÁ SABIA ASSOBIAR?

UM TIGRE TRISTE COMENDO UM PRATO DE TRIGO,
DOIS TIGRES TRISTES COMENDO DOIS PRATOS DE TRIGO,
TRÊS TIGRES TRISTES COMENDO TRÊS PRATOS DE TRIGO.

— O TATU "TÁ" AÍ?
— NÃO, O TATU NÃO "TÁ".
MAS A FILHA DO TATU "TANDO" É O MESMO QUE O TATU "TÁ".

O SAPO DENTRO DO SACO,
O SACO COM O SAPO DENTRO.
O SAPO BATENDO PAPO
E O PAPO FAZENDO VENTO.

ATRÁS DA PIA TEM UM PRATO,
UM PINTO E UM GATO.
PINGA A PIA, APARA O PRATO,
PIA O PINTO E MIA O GATO.

NO ALTO DAQUELE MORRO
"TEM" UM NINHO DE MAFAGAFOS
COM SETE MAFAGAFINHOS.
QUANDO A MAFAGAFA GUINCHA
GUINCHAM OS SETE MAFAGAFINHOS.
QUEM OS DESMAFAGAFIZAR
BOM DESMAGAFIZADOR SERÁ.

Em primeiro lugar, a ideia será brincar com cada trava-língua, de modo que os alunos memorizem alguns deles. A partir de alguns dos trava-línguas memorizados serão escolhidos os primeiros textos a serem utilizados na atividade.

Na aula seguinte, o professor, tomando um dos trava-línguas aprendidos pelos alunos, pedirá que o repitam e que digam (ainda sem que o trava-língua esteja escrito no quadro) por quantas palavras ele é formado. O professor registrará alguns resultados da contagem (é comum que as crianças contem as sílabas pronunciadas e não as palavras (FERREIRO, 2013)) e em seguida escreverá na lousa o trava-língua, pedindo que contem novamente. Então, contrastará as quantidades encontradas nas contagens da fala com a resultante da contagem da escrita. O professor chamará a atenção para as palavras, mostrando que elas se compõem de unidades menores, as sílabas (que muitos contaram como sendo palavras na expressão oral).

Ainda procedendo à reflexão metalinguística, fazendo intervenções pedagógicas sempre que necessário, o professor perguntará quais são as palavras que mais se parecem umas com as outras. Tendo a escrita como parâmetro, é provável que as letras se configurem como o principal elemento tomado para comparação. Nesse processo, o professor chamará a atenção dos alunos para o fato de sons semelhantes serem escritos de maneiras diferentes, como é o caso do som do "s" de "socó" e do "ç" de coçar.

As palavras semelhantes serão então escritas separadamente na lousa para que os segmentos que nelas se assemelham sejam destacados. Por exemplo, a partir do primeiro trava-língua serão escritas as palavras: PEITO, PÉ, PEDRO, PRETO. Nesse momento, o professor perguntará se alguma dessas palavras se esconde dentro da palavra PEITO. Os alunos possivelmente destacarão a palavra PÉ. O mesmo será feito com relação à palavra PEDRO.

Ao trabalhar com o segundo trava-língua, nas práticas de alfabetização de crianças, o professor levará um jarro de louça grande (cerca de 30cm) para a sala de aula e perguntará, antes de escrever o trava-língua na lousa, qual o tamanho de uma aranha, podendo levar uma aranha plástica de tamanho real (a resposta variará, mas se limitará ao máximo de 25 cm: maior espécie do mundo, existente na Amazônia). Em seguida, perguntará qual dos dois é maior, a aranha ou a jarra, e pedirá que repitam oralmente (sem escrever) as palavras "aranha" e "jarra", perguntando, desta vez, qual das duas palavras é maior. Com base nas respostas será aberto um espaço de reflexão metalinguística com a contagem de letras e de sílabas das palavras, agora escritas na lousa. Em seguida será incluída a palavra ARRANHA para comparação da escrita e da fala. No que diz respeito aos alunos da EJA, esses também serão arguidos no que diz respeito ao tamanho das palavras antes que esta seja apresentada por escrito, para que o professor diagnostique os níveis de conhecimento dos alunos.

Outros trava-línguas serão trabalhados, propondo-se aos alunos a produção de palavras parecidas com as destacadas, que poderão inclusive ser inseridas nos trava-línguas. Por exemplo, os alunos poderão sugerir que palavras como PEDRA e PRÉDIO se parecem com PEDRO. A inserção dessas palavras no trava-língua poderá ser feita como no seguinte exemplo: *O peito do pé do Pedro, aquele do prédio de pedra, é preto.*

105

Entre as diversas possibilidades de trabalho a partir dos outros trava-línguas, sugerimos ainda as análises comparativas das palavras SAPO e SACO; SAPO e PAPO, bem como da palavra MAFAGAFO com as formações por derivação do verbo DESMAGAFIZAR e do substantivo DESMAGAFIZADOR. Nesse momento, o professor poderá perguntar aos alunos o que eles acham que essas palavras significam, atentando para o fato de elas conterem a palavra MAFAGAFO e apresentando outras palavras derivadas, como "cola", "colar", "descolar", "fazer", "desfazer", "refazer". O objetivo, em cada uma dessas possibilidades, é contemplar o máximo de aspectos da consciência fonológica relacionados às habilidades destacadas anteriormente.

Para o processo de sistematização, sugerimos que, a cada trava-língua analisado, seja entregue para cada um dos alunos uma folha com o trava-língua escrito. Os alunos serão convidados a destacar as palavras que se assemelham, escrevendo-as em uma lista. Por exemplo, a partir do primeiro trava-língua, relacionarão PEITO, PÉ, PEDRO, PRETO. Em seguida sublinharão a palavra "escondida" dentro de PEDRO e PEITO. No processo de intervenção pedagógica individualizada, o professor poderá esconder segmentos diversos das palavras PEDRO e PEITO formando segmentos como ITO, DRO, RO, até que seja formada uma palavra existente: PÉ. Destacamos ainda a existência da palavra EITO (trabalho intenso; limpeza de plantação por grupos), possivelmente conhecida por alunos de determinadas regiões do Brasil. Na sequência, os alunos buscarão escrever palavras parecidas com PEDRO e PRETO, como PEDRA, PRÉDIO, PRATO, PRATA, PRETA etc. Por fim, escreverão o máximo de palavras que conhecem iniciadas com a sílaba PE.

Sugerimos ainda, para o processo de intervenção pedagógica individualizada durante a sistematização, um recurso por nós adaptado de um lado a partir da "ficha esquema" proposta por Lima (2002, p. 86-88), que favorece o desdobramento das sílabas das palavras geradoras em famílias silábicas para consulta por parte dos alunos e posterior formação de novas palavras, de outro lado a partir do material usado pela professora alfabetizadora Marcia Cristina de Assis[5] em intervenções pedagógicas individualizadas por ela realizadas durante os momentos de sistematização.

A professora Marcia Assis utiliza um bloco duplo (por ela confeccionado com a junção de dois blocos de papel geminados) com a sequência de consoantes no meio bloco da esquerda, e de vogais no meio bloco da direita. Desse modo ela forma (ao passar cada meio bloco) todas as possíveis sílabas CV, comparando-as junto aos alunos, enquanto os orienta.

Tomamos a proposta de combinações da "ficha esquema" de Lima (2002) e expandimos a estratégia dos blocos duplos da professora Marcia, possivelmente utilizada por outros alfabetizadores de nosso país, para a confecção de blocos com sílabas que apresentam outras estruturas, tais como (VC, CVC, CCV, CVV). Também utilizamos o mesmo recurso para propor combinações de sílabas de determinadas famílias silábicas provenientes da palavra geradora.

---

5. Marcia Cristina de Assis atua como alfabetizadora há 27 anos. Trabalhei com essa grande amiga e professora por anos seguidos na Sociedade de Ensino Geração. Assistindo às suas aulas, participando das práticas de análise metalinguística e sistematização por ela propostas e realizando diretamente intervenções pedagógicas individualizadas junto aos seus alunos, aprendi e continuo aprendendo muito sobre o processo e as práticas de alfabetização.

A elaboração de blocos com consoantes e vogais consiste na confecção de um bloco (ou no uso de blocos preexistentes) com todas as consoantes escritas em papel (cerca de 8cm x 10cm). Os papéis, ordenados alfabeticamente, serão grampeados (ou encadernados em espiral) no lado superior. Depois de confeccionar blocos também com as vogais, o professor poderá ordenar esses blocos como melhor lhe aprouver: CV, VC, CCV, CVV, CVCC, para orientar individualmente os alunos na formação ou na leitura de sílabas durante o processo de intervenção pedagógica (blocos encadernados com espiral poderão ser unidos passando-se uma varinha fina pelas espirais de modo a uni-los lado a lado). Na Figura 1 é possível visualizar a junção de um bloco C (consoantes) com um bloco V (vogais) para formar possíveis sílabas CV.

Figura 1 Blocos CV

(Imagem adaptada de Clipart.)

No que diz respeito às combinações de sílabas, sugerimos, por exemplo, a partir das sílabas de SAPO, a confecção de blocos com as famílias silábicas SA, SE, SI, SO, SU e PA, PE, PI, PO, PU e sua combinação (em ambas as ordens) para intervenção pedagógica individualizada na formação de palavras com essas frases no momento de sistematização (Figura 2). O mesmo recurso poderá ser usado ainda com famílias silábicas com estruturas distintas (V, VC, CCV, CVC, CVV, CCVC, CVCC).

Figura 2 Blocos de sílabas

(Imagem adaptada de Clipart.)

Por fim, o professor destacará a importância dos saberes populares em pé de igualdade com os saberes eruditos, de modo a convidar o aluno à compreensão de sua condição como sujeito da história e criador de cultura. A presença de elementos concernentes à cultura popular no processo de alfabetização e o reconhecimento do aluno como sujeito desse processo, como sujeito da história e como sujeito da cultura, consciente de seu poder de transformação da realidade social, a nosso ver, deve estar presente nas práticas diárias do professor alfabetizador crítico-reflexivo, pesquisador de sua ação docente. Daí a relevância dos elementos destacados neste livro (dentre outros de semelhante relevância) na formação inicial e continuada para as práticas de alfabetização.

Referências

ALMEIDA, C.M. "O estágio em alfabetização". In: SILVA, M.C. & URBANETZ, S.T. (orgs). *O estágio no Curso de Pedagogia*. Vol. 2. Curitiba: Ibpex, 2009, p. 23-51.

BAGNO, M. *A norma oculta – Língua e poder na sociedade brasileira*. São Paulo: Parábola, 2003.

BAJARD, É. *Caminhos da escrita*: espaços de aprendizagem. São Paulo: Cortez, 2002.

BELTRÃO, R.E. *Doces mousses salgadas – Receitas*. 6. ed. Petrópolis: Vozes, 2000.

BORTONI-RICARDO, S.M. *Nós cheguemu na escola, e agora? – Sociolinguística na sala de aula*. São Paulo: Parábola, 2005.

BRASIL. *Parâmetros Curriculares Nacionais – Língua Portuguesa*. Brasília: MEC, 1998.

_____. *Parâmetros Curriculares Nacionais – Língua Portuguesa*. Brasília: MEC, 1997a.

_____. *Parâmetros Curriculares Nacionais – Introdução aos Parâmetros Curriculares Nacionais*. Brasília: MEC, 1997b.

CAGLIARI, L.C. *Alfabetização e linguística*. São Paulo: Scipione, 1989.

CANDAU, V.M.F. "A didática e a formação de educadores – Da exaltação à negação: a busca da relevância". In: CANDAU, V.M.F. (org.). *Didática em questão*. Petrópolis: Vozes, 1988, p. 12-22.

CARDOSO, B. "A formação dos professores". In: CARDOSO, B. & TEBEROSKY, A. (orgs.). *Reflexões sobre o ensino da leitura e da escrita*. Campinas/Petrópolis: Unicamp/Vozes, 1993, p. 47-64.

CARVALHO, M. *Alfabetizar e letrar*: um diálogo entre a teoria e a prática. Petrópolis: Vozes, 2009.

COMITTI, L. "Leitura, saber e poder". In: EVANGELISTA, A.A.M.; BRANDÃO, H.M.B. & MACHADO, M.Z.V. (orgs.). *A escolarização da leitura literária*. Belo Horizonte: Autêntica, 2003, p. 145-151.

COSSON, R. *Letramento literário*: teoria e prática. São Paulo: Contexto, 2002.

COSTA, N.B. "As letras e a letra: o gênero canção na mídia literária". In: DIONISIO, Â.P.; MACHADO, A.R. & BEZERRA, M.A. (orgs.). *Gêneros textuais e ensino*. Rio de Janeiro: Lucerna, 2002, p. 107-121.

COSTA, S.R. *Dicionário de Gêneros Textuais*. Belo Horizonte: Autêntica, 2008.

EICHENBAUM, B. "The theory of the Formal Method". In: MATEJKA, L. & POMORSKA, K. (orgs.). *Readings in Russian Poetics*: formalistic and struturalistic views. Cambridge, Mass: MIT Press, 1971, p. 3-37.

FARIAS, I.M.S.; SALES, J.O.C.B.; BRAGA, M.M.S.C. & FRANÇA, M.S.L.M. *Didática e docência*. Brasília: Líber, 2009.

FERREIRO, E. "Entre a sílaba oral e a palavra escrita". In: FERREIRO, E. *O ingresso na escrita e nas culturas do escrito* – Seleção de textos de pesquisa. São Paulo: Cortez, 2013, p. 155-174.

_____. "A representação da linguagem e o processo de alfabetização". *Caderno de Pesquisa*, n. 52, fev./1985, p. 7-17. São Paulo.

FERREIRO, E. & TEBEROSKY, A. *Psicogênese da língua escrita*. Porto Alegre: Artmed, 1999.

FONSECA, R.E.B. *Um, dois, feijão com arroz*. Petrópolis: Vozes, 1994.

FOUCAULT, M. *A ordem do discurso* – Aula inaugural no Collège de France, pronunciada em 2 de dezembro de 1970. São Paulo: Loyola, 2008.

FREIRE, P. *A importância do ato de ler*: em três artigos que se completam. São Paulo: Cortez, 2011.

_____. *Educação como prática da liberdade*. Rio de Janeiro: Paz e Terra, 2008.

_____. *Educação e mudança*. Rio de Janeiro: Paz e Terra, 2001.

_____. *Conscientização*: teoria e prática da libertação. São Paulo: Cortez e Moraes, 1980.

FREIRE, P. & NOGUEIRA, A. *Que fazer* – Teoria e prática em educação popular. Petrópolis: Vozes, 2002.

GERALDI, J.W. *Linguagem e ensino* – Exercício de militância e divulgação. Campinas: Mercado de Letras, 2009.

_____. "Concepções de linguagem e ensino de português". In: GERALDI, J.W. *O texto na sala de aula*. São Paulo: Ática, 2002, p. 39-46.

GOLDSTEIN, N. *Versos, sons e ritmos*. São Paulo: Ática, 2005.

GOMES, L. & MORAES, F. *Alfabetizar letrando com a tradição oral*. São Paulo: Cortez, 2013.

KAUFMAN, A.M. & RODRÍGUEZ, M.E. *Escola, leitura e produção de textos*. Porto Alegre: Artmed, 1995.

KOCH, I.V. & ELIAS, V.M. *Ler e escrever* – Estratégias de produção textual. São Paulo: Contexto, 2010.

_____. *Ler e compreender* – Os sentidos do texto. São Paulo: Contexto, 2007.

LEAHY-DIOS, C. *Educação literária como metáfora social*: desvios e rumos. Niterói: EdUFF, 2000.

LIMA, A.F.S.O.L. *Pré-escola e alfabetização*: uma proposta baseada em P. Freire e J. Piaget. Petrópolis: Vozes, 2002.

LIMA, A.O. *Alfabetização de Jovens e Adultos* – A reconstrução da escola. Petrópolis: Vozes, 1991.

MARCUSCHI, L.A. *Da fala para a escrita* – Atividades de retextualização. São Paulo: Cortez, 2007.

MARQUES, F. & VALE, R. "Desafio de trava-línguas". In: VALE, R. & MARQUES, F. *Enrola-bola*: brinquedos, brincadeiras e canções – Sonhos e sons, 1997 [1 CD, Faixa 8].

MASSINI-CAGLIARI, G. & CAGLIARI, L.C. "Fonética". In: MUSSALIM, F. & BENTES, A.C. (orgs.). *Introdução à linguística*: domínios e fronteiras. Vol. 1. São Paulo: Cortez, 2011, p. 105-146.

MAYRINK-SABINSON, M.L.T. "Reflexões sobre o processo da escrita". In: ROJO, R.H.R. (org.). *Alfabetização e letramento*: perspectivas linguísticas. Campinas: Mercado de Letras, 1998, p. 87-120.

MORAES, F. *A bola do mundo é nossa*. Belo Horizonte: Mazza, 2014a [Ilust. de Thiago Amormino].

_____. "Alfabetização e letramento em projetos – Copa do Mundo, interdisciplinaridade e temas transversais". *Revista Direcional Educador*, ano 10, n. 111, abr./2014b, p. 38-40. São Paulo.

MORAES, F.O. "O respeito à 'fala' e aos saberes do aluno enquanto componentes do currículo praticado". *Pró-Discente*, vol. 18, n. 2, jul.-dez./2012, p. 91-102. Vitória.

MORAIS, A.G. "Como as crianças aprendem a escrita alfabética? – O que a capacidade de refletir sobre 'os pedaços sonoros' das palavras tem a ver com isso?" *Salto para o futuro* – Alfabetização: a aprendizagem e o ensino da leitura e da escrita, ano XXIII, boletim 4, abr./2013, p. 12-23. Rio de Janeiro.

MORI, A.C. "Fonologia". In: MUSSALIM, F. & BENTES, A.C. (orgs.). *Introdução à linguística*: domínios e fronteiras. Vol. 1. São Paulo: Cortez, 2011, p. 147-179.

OLIVEIRA, M.R. & WILSON, V. "Linguística e ensino". In: MARTELOTTA, M.E. *Manual de Linguística*. São Paulo: Contexto, 2010, p. 235-242.

PALANGANA, I.C. *Desenvolvimento e aprendizagem em Piaget e Vygotsky* – A relevância do social. São Paulo: Summus, 2001.

PAULINO, G. "Algumas especificidades da leitura literária". In: PAIVA, A. et al. (orgs.). *Leituras literárias* – Discursos transitivos. Belo Horizonte: Ceale/Autêntica, 2005, p. 55-68.

_____. "Letramento literário: por vielas e alamedas". *Revista da Faced,* n. 5, 2001, p. 117-125. Salvador.

PERES, S. "Sopa". In: *Palavra Cantada* – Canções de brincar. [s.l.]: Eldorado, 1996 [CD].

PERROTTI, E. *Confinamento cultural, infância e leitura.* São Paulo: Summus, 1990.

PICCOLI, L. "Reflexão metalinguística e intervenção pedagógica na alfabetização". *Salto para o futuro* – Alfabetização: a aprendizagem e o ensino da leitura e da escrita, XXIII, boletim 4, abr./2013, p. 37-48. Rio de Janeiro.

PICCOLI, L. & CAMINI, P. *Práticas pedagógicas em alfabetização*: espaço, tempo e corporeidade. Erechim: Edelbra, 2012.

PIMENTA, S.G. *O estágio na formação de professores*. São Paulo: Cortez, 2012.

PIMENTA, S.G. & LIMA, M.S.L. *Estágio e docência*. São Paulo: Cortez, 2012.

RAYS, O.A. "Pressupostos teóricos para o ensino da didática". In: CANDAU, V.M. (org.). *Didática em questão*. Petrópolis: Vozes, 1988, p. 38-46.

SANTOS, C.A.G. "Pressupostos teóricos da didática". In: CANDAU, V.M. (org.). *Didática em questão*. Petrópolis: Vozes, 1988, p. 32-37.

SANTOS, F.C. & MORAES, F. *Alfabetizar letrando com a literatura infantil*. São Paulo: Cortez, 2013.

SELBACH, S. (sup. geral) et al. *Língua portuguesa e didática*. Petrópolis: Vozes, 2010.

SMOLKA, A.L.B. *A criança na fase inicial da escrita* – A alfabetização como processo discursivo. São Paulo: Cortez, 2012.

SOARES, M. *Letramento*: um tema em três gêneros. Belo Horizonte: Autêntica, 2012.

_____. *Alfabetização e letramento*. São Paulo: Contexto, 2008.

_____. "Letramento e alfabetização: as muitas facetas". *Revista Brasileira de Educação*, n. 25, jan.-abr./2004, p. 5-17. São Paulo.

_____. "As muitas facetas da alfabetização". *Caderno de Pesquisa*, n. 52, fev./1985, p. 19-24. São Paulo.

SOUZA, R.A. *Teoria da literatura*. São Paulo: Ática, 2003.

TEBEROSKY, A. "Bases psicopedagógicas da aprendizagem da leitura e da escrita". In: CARDOSO, B. & TEBEROSKY, A. (orgs.). *Reflexões sobre o ensino da leitura e da escrita*. Campinas/Petrópolis: Unicamp/Vozes, 1993a, p. 29-45.

_____. *Psicopedagogia da linguagem escrita*. Campinas/Petrópolis: Unicamp/Vozes, 1993b.

VERNON, S. & FERREIRO, E. "Desenvolvimento da escrita e consciência fonológica: uma variável ignorada na pesquisa sobre consciência fonológica". In: FERREIRO, E. *O ingresso na escrita e nas culturas do escrito* – Seleção de textos de pesquisa. São Paulo: Cortez, 2013, p. 191-217.

CULTURAL

Administração
Antropologia
Biografias
Comunicação
Dinâmicas e Jogos
Ecologia e Meio Ambiente
Educação e Pedagogia
Filosofia
História
Letras e Literatura
Obras de referência
Política
Psicologia
Saúde e Nutrição
Serviço Social e Trabalho
Sociologia

CATEQUÉTICO PASTORAL

Catequese
Geral
Crisma
Primeira Eucaristia

Pastoral
Geral
Sacramental
Familiar
Social
Ensino Religioso Escolar

TEOLÓGICO ESPIRITUAL

Biografias
Devocionários
Espiritualidade e Mística
Espiritualidade Mariana
Franciscanismo
Autoconhecimento
Liturgia
Obras de referência
Sagrada Escritura e Livros Apócrifos

Teologia
Bíblica
Histórica
Prática
Sistemática

REVISTAS

Concilium
Estudos Bíblicos
Grande Sinal
REB (Revista Eclesiástica Brasileira)
SEDOC (Serviço de Documentação)

VOZES NOBILIS

Uma linha editorial especial, com importantes autores, alto valor agregado e qualidade superior.

VOZES DE BOLSO

Obras clássicas de Ciências Humanas em formato de bolso.

PRODUTOS SAZONAIS

Folhinha do Sagrado Coração de Jesus
Calendário de Mesa do Sagrado Coração de Jesus
Agenda do Sagrado Coração de Jesus
Almanaque Santo Antônio
Agendinha
Diário Vozes
Meditações para o dia a dia
Encontro diário com Deus
Dia a dia com Deus
Guia Litúrgico

CADASTRE-SE
www.vozes.com.br

EDITORA VOZES LTDA.
Rua Frei Luís, 100 – Centro – Cep 25689-900 – Petrópolis, RJ
Tel.: (24) 2233-9000 – Fax: (24) 2231-4676 – E-mail: vendas@vozes.com.br

UNIDADES NO BRASIL: Belo Horizonte, MG – Brasília, DF – Campinas, SP – Cuiabá, MT
Curitiba, PR – Florianópolis, SC – Fortaleza, CE – Goiânia, GO – Juiz de Fora, MG
Manaus, AM – Petrópolis, RJ – Porto Alegre, RS – Recife, PE – Rio de Janeiro, RJ
Salvador, BA – São Paulo, SP